理想の介護への挑戦

6つの介護施設を立ち上げた一医師として

医療法人聖生会理事長
社会福祉法人裕母和会会長
松永安優美

たま出版

松永医院

特別養護老人ホーム「清松園」の内庭

介護老人保健施設「さくらの里」外観

「さくらの里」内部の様子。手すりにカラフルなドアノブが用いられていることに注目（手前中央）

養護老人ホーム「悠生園」の外観

部屋の間仕切り用の家具の上には、家庭的な雰囲気が出るよう障子が（「安純の里」「さくらの里」）

はじめに

いつまでも健康で元気に過ごしたいというのが、誰もが望むところだと思います。しかし、高齢期になれば、慢性疾患や障害は避けがたいというのも現実であり、場合によっては痴呆や寝たきりになるかも知れません。従って、病気になったら、医者に診てもらい、痴呆や障害が進んだら、介護のサービスを受ければいいと考え、いつでも、気持ちだけはいきいきと楽しく過ごすことを大切にするのが一番……高齢者に対し、このことをきっぱりといい切れる社会にしたいという一心で、この18年、介護施設をつくることに向かい合ってきました。

埼玉医科大学付属病院から、栃木の実家の松永医院に移り、内科医として往診に出るようになって最初に受けたショックが、在宅介護の悲惨な状況でした。世間にひた隠しにしながら、お嫁さんが一人で世話しているため、介護が行き届かず、オムツは汚れっぱなし、お風呂にも満足に入れてもらえない、時には移動できないように紐で縛られていたこともありました。それで、心にムラムラと湧いてきたのが、施設がほしいというやむにやまれぬ思いでした。高齢者の実態調査から始めて、施設の在り方を研究したり、自治体に掛け合ったり、資金調達に苦心したりで、7年を掛け、1991年に最初の特別養護老人ホームを開設することができました。特別養護老人ホームの入所判定の厳しさを知ることにより、今度は、より簡単に入所できる施設が必要だと切実に思い、老人保健施設をつくることにしました。こうして施設が立ち上がる度に、新たな課題が発生し、それを解決したいと夢中になっているうちに、6つの認可施設と1つのマンションが誕生することになったわけです。

1　1991年開設　特別養護老人ホーム『清松園《せいしょうえん》』
2　1996年開設　介護老人保健施設『安純《あずみ》の里』
3　1999年開設　介護老人保健施設『さくらの里』
4　1999年開設　介護対応型マンション『悠楓園《ゆうふうえん》』
5　2000年開設　養護老人ホーム『悠生園《ゆうせいえん》』

６　２００２年開設　介護老人保健施設『和《なごみ》の里』
７　２００６年開設　介護老人福祉施設『かがやき』

この間、猛スピードで進む高齢化社会に対応するべく、国や自治体も福祉・保健に関連するさまざまな対策を打ち出してきており、２０００年4月には、ついに介護保険制度をスタートさせました。老人介護を社会全体で支えることを目的とする、この介護保険制度がぜひ成功してほしいと願っています。

なお本書は、私が、こならの森編集室発行の機関誌『こならの森』に、「やぶいしゃのひとりごと」と題して22回にわたり掲載させていただいたエッセイを中心に、大幅に加筆して、一冊にまとめたものです。私のこれまでの経験に基づいて、施設とはどういうところなのか、介護の専門家である介護職員はどんな意識を持ってご利用者に接しているのかを、詳しく紹介することにより、施設への理解を深めていただくとともに、在宅介護にも役立てていただければ幸いです。また、これから新しく施設の建設・運営を考えておられる公的機関及び民間・法人・企業の担当者には、現場からのルポとして参考にしていただければ嬉しい限りです。

最後に、色々な形で協力してくださる方々、そして私を支えてくれる一人一人の職員と、両親、叔父、叔母、夫、そしてこの本の挿絵を描いてくれた娘に、心から感謝の意を表したいと思います。また、出版に当たりご指導をいただきました、たま出版、そして石井洋子さんにお礼を申し上げたいと思います。

2002年9月

医療法人聖生会理事長　社会福祉法人裕母和会会長　医師・松永安優美

理想の介護への挑戦◎目　次

本文イラスト　松永安優美／松永麗生《かずさ》

第1章

往診で見たお年寄りの姿に心動かされて

座敷牢で介護を受ける痴呆の患者さん

スパイ、レーサー、オーケストラの指揮者、画家、シンガーソングライター……私が10代の半ばに憧れた職業の数々です。その10数年後、私の選んだ職業は、消化器系の内科医でした。父が開業医であり、一人娘の私としては大学を選ぶ段階で、誰にいわれたわけでもないのですが自然と、志望がそちらの方向に向いていきました。

埼玉医科大学在学中から夏休みなどに、父の開設する松永医院（栃木県下都賀郡岩舟町）の運転手兼カバン持ちとして、地域の患者さんの往診にうかがっていました。その中で少なからずショックを受けたのが、痴呆や障害を持つご老人やその家族の様子でした。その当時は、痴呆の患者さんなどに対する一般的な理解がなく、本当に悲惨な現実があるのだということを知りました。医者になり、さらにひどい現実を見るに至り、「何とかしたい」という気持ちに動かされ東奔西走しているうちに、現在では、特別養護老人ホーム、介護老人保健施設（3施設）、養護老人ホーム、介護対応型マンションの計6つの施設を運営するようになっています。

いまでも、鮮やかに記憶に残っているのが、医者になってから行った、ある日の往診先の出来事です。その家に入ると、玄関先から異様な臭いが立ち込めていました。はじめは犬か猫の糞尿かと思っていると、障害を持った寝たきりのご老人が、昼間は家人が不在で介護を受けられないため、おむつを交換してもらえず、便をつかんだ手で部屋や廊下を這うことから、床や畳にこびりついた汚物の臭いでした。血圧を測ろうとすると、申し訳なさそうな、恥ずかしそうな顔で、手を引っ込めようとされました。

また、徘徊したり、乱暴したりするのを防ぐために、座敷牢のような場所に閉じ込められたり、柱に縛り付けられている痴呆のご老人もいらっしゃいました。

少し前までは、身体や脳に障害を持ったご老人は、家人にとっては恥ずかしい存在であり、知られたくない存在であったのです。それだけに、その閉鎖性から生じる悲惨な状況は、痴呆や障害を持つ高齢者だけでなく、介護する側にも見られました。

「親をみるのは、跡取りの嫁のつとめ」とされ、親の介護は、嫁がするのが不文律になっていましたし、実際に親を介護しているのも、お嫁さんが大半でした。近所に隠して、家の中という狭い空間で、通常の家事や子育てに加え、食事や排泄、入浴、着替え、歩行など、懸命に介護と向き合うことになるのです。ご老人が、お嫁さんとほぼ同じ体重だったとしても、介護をする時は3倍ぐらいの体重になって負荷がかかることになります。心配や不安、いらだちがあっても一人で抱え込むしかなく、睡眠不足は慢性化し、神経の休まることのない日々が続くことになります。

こうして精神的にも肉体的にもギリギリの状況にあってなお、夫の兄弟姉妹から、「もっときちんと面倒みてくれなきゃ」、「施設に入れるなんて身内の恥」といったさらなるプレッシャーがかかることも珍しくありません。この夫の身内からあれこれいわれるぐらい、神経にさわり、我慢ならないことはないようです。

中には、介護の疲れから、不安神経症やうつ病、胃潰瘍などを誘発したり、離婚することになった痛ましいケースもありました。

「人間の生命は、平等なはずなのに、なぜこんなに不平等なことがあるのだろう……」

痴呆や寝たきりの高齢者を目の当たりにするにつけ、人格や人生、財産の差ができるのは、個人の努力や能力によってある程度は仕方がないけれど、体や脳の障害は自分の力ではどうにもならないと、強い憤りすら感じました。

なお、こうした感情をたぐると、小学校高学年の時の思い出につながります。父の勉強の都合で、私は幼稚園～小学校5年生の終わり頃までを東京で過ごし、その後、実家（栃木県岩舟町）の近くの小学校に転校してきました。方言の問題もありましたが、一番ショックを受けたことは、知的障害・言語障害を同時に持ったクラスメートがいたことでした。東京ではすでに養護学校が整備されていたためか、通学時にも見かけたことはなく、また、テレビなどからの情報もほとんどなかったわけで、とても恥ずかしいことですが、どう対応していいかと戸惑ってしまったことを忘れることができませんでした。

ともあれ、在宅介護の非常に悲惨な現実を知ったことが、私のその後の生き方や仕事に大きく影響することになりました。

誰かが、やらなければならない

往診先で痴呆や寝たきりのご老人や、介護疲れで困憊《こんぱい》しているお嫁さんたちの姿を目撃して、いま、何が、私にできるだろうかとじっくり考え、介護が必要なご老人のための福祉施設である特別養護老人ホームを設立したいという結論を出しました。

一介の医者にそんなことができるはずはないとは思いませんでした。それよりも、「誰かが、やらなければならない」との気持ちで頭も胸も一杯になっていました。

まずは、状況把握をしなければと、調査を開始。1984年のことでした。早速、自治体の協力を得て、栃木県の各地域、及び全国規模で、65歳以上の高齢者を対象に、寝たきりや独居に関する動態調査を行ないました。案の定、寝たきりの高齢者や、敷地内独居の高齢者の多いことが統計的にも確認できました。ちなみに、敷地内独居とは、同じ敷地内に子どもの所帯とは別棟で家を持ち、そこで一人暮らしをしているという意味です。

次いで、町や県の役所に出向き、「特別養護老人ホームをつくりたいのですが、どうしたらいいでしょうか」と相談すると同時に、可能性の糸を手繰《たぐ》り寄せるべくいろいろ勉強させてもらいました。

そしていよいよ具体的な計画を立て、１９８７〜１９８８年にかけて、自治体や各種の団体に資金援助のお願いに回りました。

ゴールドプランの発表が１９８９年でしたから、それに先んじること、わずか1〜2年前なんですが、私の申し出に対して、「国庫補助を受けるには、7〜8年は順番待ちしなければなりませんよ」と、つれない答が返ってきたのでした。

※ゴールドプラン（高齢者保健福祉10ヶ年戦略）

ヘルパー、デイサービス、老人ホームなどを整備する計画のことです。２０００年までに、ヘルパー10万人（その後、新しいゴールドプランにより17万人に改定）、デイサービスを1万ヶ所（同1万７０００ヶ所）、特別養護老人ホームを28万人分（同30万人）などを目標に掲げていました。当時の大蔵、厚生、自治の3大臣が合意し、財政面でも優先事項となりました。

ともかく、その時はゴールドプランなど影も形もありませんでしたから、「7～8年の順番待ち」は長過ぎると判断し、国庫や自治体の補助なしで資金調達を図る道を探りました。

それで、施設をつくりたいという情熱だけを後ろ盾に、資金援助のお願いに、民間補助団体を訪ね歩きました。もちろん、私一人で乗り込んで行ったわけですが、中には、「知事とか議員であるとか、しかるべき人物を連れて来い」といい放ち、資料を見ようともせずに床に投げつけた御仁もいて、その時は本当に悔しい思いをしました。また、私の名刺を受け取り、私が医師であることを知るや、それまでの鼻であしらうような応対をしていたのを一変させ、態度を改める人もいました。女だからとか、若いからとか、地位がどうだとか、そういったことで差別する、フェアでない扱いに、怒り心頭に発することもたびたびありました。しかし、それが反骨精神に火をつけてくれ、ますます情熱をたぎらせてくれることにもなったように思います。災いを転じて福となしたということでしょうか。

結局、１９９０年までに総事業費として、日本財団から約2億７８００万円の資金援助、社会福祉医療事業団から20年償還で約2億５０００万円の借り入れ、そして私の両親からの生前贈与などで約６０００万円、合計約5億８８００万円の手当てをしました。

この間に、社会福祉法人『裕母和会《ゆうもわかい》』の認可を受けています。裕母和会《ゆうもわかい》とは、「ユーモワ（ア）を持って、心がひろい（「裕」＝心がゆたか、ひろいの意味）母のような無償の愛で、和をもって障害のある方々のお世話をさせてもらう会」という意味で名づけました。

なお、社会福祉法人とは、財産を法人に寄付し、福祉事業を請け負う法人のことです。従って、日本財団からの援助金と、町からの５００万円の補助金等、他を除いて総事業費の半分以上を私達がかかわることになり、建築時の寄付の他社会福祉医療事業団（現独立行政法人福祉医療機構）の借り入れ償還分は、毎年寄付することで、特別養護老人ホームの建築を開始するに至ったわけです。

資金の調達と、土地や業者の手配、さらに社会福祉法人の認可の問題など、同時進行していかなければならないことが多く、一つ躓《つまず》くと先に進まなくなりますから、これまで誰にも話しませんでしたけど、さすがの私も不眠症になり、いささか自律神経失調症気味でした。過ぎてしまえば、「気力があれば、どんなことも乗り越えていけるのだ」ということを教えてもらえた貴重な日々でありました。

ともあれ、1991年、寝たきりや独居の高齢者の動態調査から数えて7年、特別養護老人ホーム『清松園』を開設させていただくことができました。この後も、問題に直面する度に、最後は、「誰かが、やらなければならない」と意を決し、施設を次々に立ち上げていくことになります。これらの施設については、第2章で詳しくご紹介させていただきます。

祖母から母、そして私へ

友人と話をしていて、何かの拍子に私の祖母や母の話題で盛り上がったことがあります。その時、友人がしみじみと、「あなたが施設をつくったのは恐らく、血筋も関係していたわね」といったことをフッと思い出すことがあります。

祖母は戦中から戦後にかけて、その頃は東京に住んでいたのですが、外出すると帰りにはよく、乞食や浮浪児を一緒に家に連れて来ては、食事をご馳走していたのだそうです。当時、祖父母は軍の仕事をしていたため、食料には不自由していなかったといいます。

ある時、一人の乞食が、食事のお礼にと、乞食の仁義の切り方を教えてくれたとのこと。乞食の世界にも上下関係があって、挨拶にはそれなりに厳しかったようです。

祖母は時々、それを楽しそうにやってみせてくれました。

腰を曲げ、右手は膝に、左手は背中に回してポーズを取り、

「赤椀、黒椀、てんてん袋

さげ、さげのご仁義とは失礼さんにごさんす。

手前、生国と発しますところ、関東にござんす。

関東といっても広うごさんす――」

と続くのですが……。

この祖母に育てられた母は、年頃になると、奉仕活動に熱心で、神社の境内を掃くのが大好きだったといいます。戦中は、お国が大変な時だから少しでもお役に立てればと、軍の技術本部で、戦車の設計をしていたこともあるのだそうです。

父と結婚して、東京から栃木県・岩舟町に来たわけですが、町医者の嫁は、医院の事務・雑務を一手に引き受ける傍ら、家事もこなさなければならず、よく働いたようです。洗濯機がないどころか、水道の設備もなく、井戸水を汲んでいた時代ですから、洗濯もひと仕事で、冬はいつも皹《あかぎれ》がいっぱいできて痛かったといいます。

お金はなくても、家の敷地は広く、庭掃除もひと仕事。母はモンペをはいて、庭を掃いていましたが、銀行などの外回りの人にとっては、その姿からお手伝いさんに見えるらしく、ぞんざいな口ぶりで、「奥さんはいるかい」などと聞かれると、「いらっしゃいません」と答えていました。1990年のある日、この〝お手伝いさん〟にもていねいに口をきく銀行マンがいて、母は、「外見で人を判断しない、心ばえの素晴らしい人だ」といって、この人の銀行に口座をすべて移してしまいました。

なお、母は、生活が一段落すると、子どもの頃から精進してきた書道や、吟剣詩舞《ぎんけんしぶ》道《どう》といって詩吟や今様に合わせて踊る舞道に再び力を入れるようになります。母の女学生時代、学校から帰ってくると、祖母が墨をすって待っていたといいます。いまも、母は毎日、筆を取っており、身内ながら、そのたゆまず精進する姿には感心させられます。

また、吟剣詩舞道の祥炆《しょうこう》流宗家として、国際文化交流にも携わり、世界のさまざまな国を訪ねています。１９６１年にはハワイで踊っていますが、戦後に親善で当地を訪問した女性は、美智子妃殿下（現皇后）に次いで2人目といわれたとのことでした。エジプトの女性大臣に招聘され、「医療・福祉・芸術」のテーマのもと、母は吟剣詩舞道を、私は空手の型を舞いにした空手舞や三面寿獅子《ことぶきじし》、八木節の二連太鼓などの演目を演じたこともありました。母は、「国民の祝日を祝う会」の評議員を務めており、その縁で、エジプトの駐日全権大使のタラウィ女史と親交を持ち、タラウィさんは帰国後、大臣に就任され、この催しに招いてくださったというわけです。

ところで、私が医大に入学し、半年後ぐらいだったでしょうか、大学側と父兄の懇親会が催されことがありました。その際、教授が母に、「どのように教育されましたか」と尋ねたところ、「山猿のように育てました」という答が返ってきたそうで、教授は後々まで、「あれには驚いた」と笑っていました。

私が最初に施設をつくりたいといい出した時、父はお金の苦労をしてきた人だけに、借金しても自分のものにならないわけですから大変心配し、反対でした。結局は聞き入れてくれ、生前贈与や借金にも応じてくれたわけですが……。その点、母ははじめから、「やりたいと思うなら、やった方がいい」と後押ししてくれました。

現在までに、母には、3つの介護施設（『清松園』、『さくらの里』、『安純の里』／第2章参照）の施設長を歴任してもらっています。「この年までお仕事をさせていただいてありがとう」というのが母の弁です。

トンチンカンのトンちゃんが教えてくれたこと

いま思えば、私が育った家庭には、住み込みの看護婦さんやお手伝いさんなど他人も同居していて、そうした人たちが非常に個性的であったこともあり、この世はいろいろな人で成り立っているということを自然に学ばせてもらいました。

私が生まれる前から、我が家にいたのがトンちゃんでした。トンちゃんは少し知能に遅れのある人ですが、祖父が、「家が広いようだから、草刈りの助けぐらいにはなるだろう」といって、母の嫁入りに同行することになったといいます。この時、トンちゃんは40代の後半だったのではないでしょうか。

トンちゃんは数奇な運命をたどった人でした。とある地方の第一ご家老の孫娘として生まれ、まさに箱入り娘として育てられたそうです。三味線や端唄《はうた》、小唄がとても上手で、いかにもお稽古三昧の優雅な日々を過ごしていたことをしのばせていました。長じて、婿養子を取りますが、母親が家事万端を行ない、食事もすべて用意するという結婚生活だったようです。その結果、母親の死によって、すべてに破綻をきたすことになります。

母親の葬儀で挨拶もできず、リンゴをむくようにいわれると、芯までむいてしまい、知能の遅れが白日のもとにさらされてしまうのです。家から追い出され、東京・上野をユカタ一枚で歩いている時に、いわゆる〝パンパン刈り〟に遭遇し、交番に引っ張られてしまいます。すぐに嫌疑は晴れるのですが、結局、精神病院に収容されることになりました。

祖父が、警察関係の仕事をしていた時期もあり、その知り合いから、「出のいい、品のある人なんだが、正常な部分が6割方といったところかな……でも挨拶ぐらいはできるから」といわれ、家に来てもらうことにしたのが、やがて我が家にやってくる発端になったわけです。

私は寒い2月の明け方に、8ヶ月の未熟児で生まれました。まだ産着も用意されてなく、ドテラに包まれたそうです。ところが肌に密着していなかったのか、そのまま数時間放置されて冷たくなってしまい、お産婆さんが、「死んだ子よりは温かいけど」

といって大慌てで温めたとのこと。それでも、生命力があったようで、生き延びることができました。ちなみに、全盛期の私の握力は52kg、肺活量は５５００ccありました。

かくして、トンちゃんと私の付き合いは、私が生まれた時から始まり、私の子守りもしてもらうことになります。もちろん、失敗もいろいろあって、後々までの語り草になっています。

例えば、私のオムツを取り替えている時にトンちゃんが、まだ取れていない私のへその緒をいじくって、化膿してしまったことがあったそうです。念のためにいわせてもらえば、私はデベソではありません。また、ある時、トンちゃんが私をおぶったまではよかったのですが、そのままおじぎをするように前かがみになったものですから、私はトンちゃんの頭越しに逆さ落としで落下の憂き目に。そのようにいろいろ鍛えられながらも、私は元気に育つことができ、感謝しています。

トンちゃんは家事が嫌いで、お使いが大好きでした。家事を頼むと、「ご隠居さんから、3年前にお使いを頼まれました」などと真顔でいって、どこぞに出掛けていってしまうことも……。しかし、実際にお使いを頼むと、3つのところ1つしか買ってきません。そこで、3回、行くことになります。家族は陰で〝トンチンカンのトンちゃん〟と呼んでいましたが、もしかしたら、トンちゃんの方が上手で、3回行きたかったのかも知れません……。

そんなトンちゃんも、お客さんがあると、玄関に出て行って正座し、きちんと挨拶するものですから、「ご隠居さんの奥さん」と早とちりした人も少なくありません。

トンちゃんは高齢になり、痴呆も出てきたため、最期は、特別養護老人ホーム『清松園』に入所し、温かい介護を受け、90歳をゆうに過ぎて、まるで生きているように安らかな顔で亡くなりました。『清松園』に入所しても、母と私のことはわかっていて、ほしいものがあると屈託なく所望してきました。袋物が好きで、バッグや下着などを、リクエストに応じてよく届けたのものでした。

トンちゃんは、人柄は良く、意地悪するようなことはありませんでした。しかし、住み込みの人の中には、性格の悪い人もいて、私に食事をさせてくれないといったいじめを受けたこともありました。

母がやってきて、私に、「ご飯、食べたの」と声を掛けると、その人は、「いま、出そうとしていたところです」とか、「夕食はいらないといってます」とか、その場を繕ったり、ウソをついたりすることが多々ありました。ひどい人だなと思いましたが、子ども心に、我が家にとっては大事な人手なんだということがわかっていて、誰に告げるでもなく、やり過ごしていました。

ですから、施設にも、いろいろな人が入所されたり、利用されたりなさいますが、お陰さまで、一人一人が違って当然ですし、その違いに大きい小さいがあるのも当たり前だと何のわだかまりもなく、スムーズに受け入れることができます。それにつけても、何が幸いするかわからないのも、人生の妙だとしみじみ思うことがあります。

空手歴30余年

「医者になるのと、施設をつくって運営をするのでは随分、違うんじゃないですか」とよく質問されることがあります。そうしたことを改めて考えることもなく、突き進んできたというのが実情ですが、来し方を振り返ると、医大で空手部を創始したことがありました。私にとって、組織をつくり運営することは、施設がはじめてではなく、すでに医大時代に経験していたことだったのです。何が、どこで役立つか、ホント、わからないものです。

ところで、私と空手の出会いは15歳までさかのぼります。その頃、テレビで『ジェリコ』という戦争のスパイドラマが放映されていて、その影響でスパイに憧れ、〝どうしたらなれるかな〟と毎日、勉強もせずに夢ばかり見ていました……。とりあえずは体力が基本。そこで、幼少の頃から踊りなどを習っていた関係で、型の美しさにこだわるところがあり、空手を習うことにしたのです。それに加え、道具も何も使わずに素手で戦えることがたいへん魅力的でした。

ブルース・リー主演の人気映画などの影響か、私の通った道場には、派手な動作に憧れて入ってくる、〝にわかブルース・リーもどき〟もいました。そういう人の多くは、毎日本当に地味な練習を繰り返すうち、すぐに格好よく戦えないことに業を煮やして辞めていきました。私は？　というと、運良く(?!)、女性が私だけで、激しい自由組み手をする機会があまりなく、まして現在のような強い女性空手家はほとんどいなかったために、いつしか30余年も続いてしまうことになります。

この間、医大に入学して、空手部に入部しようとすると、「少林寺拳法のクラブはあるが、空手部はない」といわれてしまいます。それならばつくればいいと、同級生10名に名前を借りて、まずは同好会をスタートさせました。指導は、現在、国際剛柔流公道会会長となられている篠崎章先生（剛柔流公道会の故・篠崎市太郎先生のご子息）にお願いしました。

その年の東医体（東日本医学部体育大会）の大会が信州大学で開催されるというので、参加を願い出ると、「前例がないので、女性はダメ」と認めてもらえませんでした。しかし、こんなことでメゲてはいられません。2年生になると、同好会からクラブに昇格させ、部員も、男子部員のみでしたが3～4名になりました。そして、捲土《けんど》重来《ちょうらい》、東医体の大会に参加すべく、昼休みに演武をやらせてほしいと希望したところ、今度は受け入れてもらえ、たった一人でお弁当を食べている学生たちの前で演武をさせてもらいました。医大では女性ではじめての空手部長ということでした。

この時の部員たちとはいまも付き合いは続いており、いってみれば兄弟のようなものです。空手道大会の打ち上げや新年会などで皆が集まれば、お酒を気持ちよく飲みながら、部歌でもある演歌『人生劇場』を合唱するのが決まりになっています。

空手部をつくった時もそうでしたが、いずれにしても組織をつくる時は、それが自分のためだけでなく、公益になるものであり、創始するに値するものだと確信が持てたなら、その実現に向かって、私はまっすぐに気持ちをぶつけてきました。

そして、組織に活力を充満させて運営するには、「組織をつくるのは人間である」ことを忘れずに、「上に立つ人は私情を入れることなく、平等を旨とし」、「何かをする時は目的をはっきりさせ」、また「誰かを取り立てる時はその理由を明確にすること」がとても大切です。時に時間がかかったり、困難な時もありますが、頑張れば、組織もまとまり、大きな力を発揮させることができます。現在、施設を運営する中でも、部下に男性が多いという共通点もあり、その頃、勉強させてもらったことが大いに役に立っています。

酒と歌とジープの日々

医大時代は、空手もさることながら、好きなお酒を飲み、ジープに乗り、そしてシンガーソングライターとしてもアクティヴに活動していました。

当時、私は、一人でよく居酒屋に行っていまして、いつしか、自分の席が決まっているぐらいの常連客になっていました。お酒が好きということもありますが、居酒屋にはいろいろな職業の人が集まり、さまざまな人間模様を見せてくれるのがとても魅力的でした。目の前で、壮絶な夫婦喧嘩を見たのも、居酒屋でした。

ある時、私が大型免許を取得したというと、顔馴染みのお客たちで、お祝いをしてくれたことがありました。この時、突然、私の隣にいた人が、「オンナが大型を取るなんてできるはずがない、はしたない」といわんばかりに、口汚く怒ったのです。世間にはすでに、タクシーやダンプ、バスのドライバーに女性が登場していたのですが……。その頃の私は、理不尽なことには真正面から立ち向かう〝まっすぐ人間〟で、

「失礼じゃありませんか‼」というのが口癖のようになっていたのですが、この時はなぜか、反発するよりも、いろんな思い方や考え方があるんだなとショックを受けるとともに、勉強させてもらう方が先でした。

ところで、この女性に対する偏見は、後々、施設をつくるために奔走していた時にもたっぷり味わうことになりました。私の経験からいえるのは、女性の場合、実績をつくることで初めて、認められるというのが実情だということです。

話は変わりますが、私はレーサーになりたいと思ったこともあるぐらい、車も好きでして、とりわけジープが好きで、免許を取得した時から今日まで一貫してジープに乗っています。その理由は、ジープのカタチとエンジン音がとても気に入っているからです。

さらに音楽が大好きで、自分でも数多くの作詞や作曲をしていますが、先日、当時の歌の譜面が出てきて、ノスタルジックな思い出にしばし浸りました。その中にあった、譜面に書き込まれていた詩を一篇、紹介してみたいと思います。活字をメロディに乗せられないのは、ちょっと残念ですが……。

10年たったら

1

10年たったら会おうなんて
　言ってた約束を覚えているか
だれもみんな生きる事に少しだけ疲れて
　来た頃だろうか
恋のドラマの結末を知ってみたい時があって
　うつむきかげんに歩いてた
　あの頃だった
ろじーなのグァテマラの味は
　今も変わらぬままか
なつかしい思い出は今も
　時を越えて来る

2

悲しい思い出は砂消しゴムで
　消してしまえばいいじゃないか
帰らぬ昔をなつかしむ
　時期《とし》になったのか
名前も知らないコーヒーを置く店があって
　少しだけとくいげに通ってた
　あの頃だった
ろじーなのグァテマラの味は
　今も変わらぬままか
なつかしい思い出は今も
　時を越えて来る

ろじーなのグァテマラの味は

今も変わらぬままか
ちぐはぐな思い出はいつも
時を越えて来る
ろじーなのグァテマラの味は……。

ところで、私の音楽好きは、父親譲りかも知れません。私の父であり、現・和の里施設長・松永医院名誉院長の和夫は、幼少の頃に父親を、10代で母親を亡くし、祖父に育てられたようですが、大学時代の学費と生活費を、歌手のバックバンドで日本中を巡業したり、自分でハワイアンバンドを組んでダンスホールなどで演奏して稼ぎ出し、医者になったという人です。現在も全国大衆音楽家協会員（前会長）であり、日本作曲家協会の会員にもなっています。

なお、松永医院は１９５０年、栃木県・岩舟町に開院しましたが、開業時には、機械類は廃業医よりもらい受け、往診用の自転車も買えなかったようです。古い写真の中に、父のジャケットにつぎ当てがしてあるのを見つけたこともあります。現在の松永医院を新築した時、父の第一声は、「本当の医者になったような気がする」であったように思います。自宅で開業し、東京へ勉強のために行っていた時も、夜だけ開業していた時も、やはり居宅の一部でしたから、〝病院らしいところではじめて診察ができる〟との意ではなかったかと察せられます。

私はこの父と、〝健康であればそれでよし〟をモットーとする母のもと、のびのびと自由に、母の言によると山猿のように育ち、挙げ句は施設をつくり、借金をつくって親不孝を重ねているという次第です。

ドクター・ウォンの思い出

以前、私の自宅は、とても古いかやぶき屋根の、現在では珍しいような家でした。その土台のほとんどすべてが、白アリにやられてしまい、家が傾いてきたため、建て替えざるをえなくなって、１９９５年前に新築したわけです。その時に荷造りした段ボール箱のいくつかが、いまでも開けられずに置かれていることに気づき、中の物を

中央がドクター・ウォン、その右が私。居酒屋でのお別れ会で。

整理することにしました。すると、20年以上前の思い出深い写真などが出てきて、収拾がつかず大変なことになってしまいました。

その中に、居酒屋で私と肩を組んだドクター・ウォンの写真がありました。

ドクター・ウォンはアメリカの大学教授で、当時、国際学会などの発表論文の選定委員にもなっている心臓の分野では世界的な権威でした。私が勤めていた大学病院に共同研究班があり、2～3週間の予定で来日していたのです。

私はペーペーの研修医でボロ雑巾のような毎日を送りながら、創始した空手部の練習に時々顔を出すというような生活をしていました。

当然本来ならば、歓迎パーティなどでご挨拶ぐらいが関の山といった立場の違いがあり、しかもドクターは、外科の教授の招きで来院しており、私は内科のペーペーのその下のペーぐらいですから、病院内でお会いする機会さえまったくないわけです。

ところが何を思ったか、ドクター・ウォンが、外科の教授に、「せっかく日本にいるのだから、武道をやってみたい」、「武道の中でも、ニンジャ？　カラテ？　を見てみたい」とおっしゃったようです。それが機縁となって、先に述べたような写真を撮る日を迎えることになるのです。

ドクター・ウォンからの申し出があった翌日、朝一番で、私の勤務していた医局に、〝外科の教授から突然電話が入り、私を探しているので第一外科の教授室に来るようにとの伝言があった〟と、医局長から伝えられました。何も知らずにいた私は、なぜ外科の教授が私になど……。まさか、学生時代のレポートでも再提出？？？　でも、卒業試験も、国家試験も終わっているし……。あれこれ考えながら、外科の教授室のドアを叩いたのでした。

ドアを開けると、超大柄の外科の教授の横で、優しい目をした細身の髪の黒い40～50歳くらいの女性が笑いながら英語で話していました。どうしていいかわからず、ドアのそばに立っていると、外科の教授が、「松永君、良いところに来てくれた。ちょうどいいから、いま、紹介しよう」といって、中国系アメリカ人の教授メアリー・ウォン先生を紹介してくださったのです。そして、な・な・な・な・なんと私に、彼女の空手道の指導を頼みたいとの旨を告げたのです。

一瞬目の前が白くなり、心の中で……困った、紹介されながら、お二人で話している英会話の所々の単語しかわからない程度の私が、英語しか話せない、しかもアメリカの大学教授に、カラテをどうやって教えるんだ……。と思いましたが、躊躇する暇など、外科の教授が与えてくれるはずもなく、さっそく練習日の約束をさせられてしまったのです。

その彼女からは、たった2週間ぐらいの間に、本当にいろいろなことを学ばせていただいたような気がします。人にわかってもらうための努力、忍耐。私のために簡単な単語をいっぱい並べて、私が理解できるように、時間をかけて教えてくださったり（私は、前日に英語の「すぐ話せる」と題のついた旅行用の小さな本を購入していましたが……そんなもので足りるはずもなく）、それは、医学知識のない患者さんやその家族に対する医者の態度を教えていただいているようでした。さらに練習中は、手の握り方の小さな違いなどにも興味を持ち、納得するまで練習を止めようとしない、諦めないパワー。

偶然出てきた1枚の写真に、ぎっしり詰まった思い出と、彼女のひと言ひと言が鮮やかに私の頭の中に蘇ってきました。

練習の最後の日には、お忙しい毎日なのに、学生のクラブ員とのお別れ会に出席してくださることになり、お金のない私の行きつけの居酒屋でドクター・ウォンのお別れ会を行ないました。正式な会食が続いていたのか、煮込みやアタリメをとても喜んで口にし、そしてチューハイをはじめて経験されたようでした。

アメリカに戻られてからも、お電話をいただいたことがありましたが……。現在、どうされているのでしょうか……。久しぶりに見た、その頃の自分の顔にも出会えて、何となく研修医時代の自分にタイムスリップして、心が元気になりました。

魔法のくすり

研修医時代の思い出をもう一つ述べてみたいと思います。大学病院に研修医として入職した年のことで、忘れられない3日間の出来事があります。

ちょうど秋の頃でした。当時15歳の女の子の入院があり、私のオーベン（指導医）の出向先の病院からの精密検査目的の転院であったことから、必然的に私の受け持ちとなりました。

入院時の検査オーダーを書く準備をするために、前医からの招待状に目を通していると、病名はクローン病（消化器系の難病）の疑いと記されており、確定診断と、症状の改善を目的に転院したとのことでした。

彼女の入院の日は、ちょうどオーベンが学会のため5日間ほど出張しており、ほかの中堅のドクターも手薄で、私がご家族に説明しなくてはならない状況になってしまいました。当然、クローン病の疑いありとの前医の診断があったこともあり、医学書を再確認し、予習して説明に臨みました（……私もクローン病と信じていたのです）。

さて、本人とはじめて会うと、私が女性であったことがとても嬉しかった様子でした。明るい笑顔がとても愛らしい、色白で礼儀正しい少女で、診察したその体は透き通るように美しかったことを覚えています。胸に聴診器を当てた時のことです。右の乳房の中心から外2分の1円にかけて、小さなしこりが7〜8個ありました。

一瞬血の気がひく思いがして、（……まさか、癌？）。そんなはずはないと希望的楽観をして、「この小さなしこりは、昔から？」と本人に聞くと、本人は「よくわからないですけど……前からあったような気もします……」との返事でした。本当なら医者として、すぐに生検をすべきでしたが、膨らみ始めた乳房にメスを入れることを躊躇してしまいました。

痛い検査や治療にも歯を食いしばって堪えている姿をみて、我慢強い子だなと感心の連続でした。

彼女が入院して3日目の未明に病院からポケットベルが入ったので、行ってみると、あの我慢強い子が大声で痛みを訴えていたのです。深夜から痛みがあったのを我慢していたとのことでした。診察したところ、緊急手術の必要が考えられたため、外科に転科。……結果は、胃を原発巣とする癌で、この年齢では稀でほとんど考えられないことでしたが、骨盤腔内にも癌が癒着して、子宮・卵巣・大腸・膀胱がひとかたまりとなっていました。開腹したものの手のほどこしようがなく、乳房のしこりも癌に侵されていたとのことでした。次に私が彼女に会った時、脳の転移巣がまわりの脳を圧迫し、意識消失・眼球突出したまま、機械で呼吸をしている状態でした。乳房のしこりは、生検のため一つ切り取られていました。

……魔法のくすりが欲しい……。

たった3日間でしたが、でも、時間は言い訳にはなりません。いまでもなお、魔法のくすりを求めながら……。

本当の魔法のくすりに医者はなれないのかな……。医者は、目の前にいる患者さんを何とか治したいと思うものです。治すということは、その患者さんが治るように方向づけをして、その力を引き出す手助けをすることかも知れませんが……。

医者と芸者と役者と

1975年頃、母校（埼玉医科大学）の仏語教授に、田辺貞之助先生という方がおられました。とても素敵なエスプリの世界に生きていらした仏文学者で、粋な江戸前の気風を持ち合わせながら、どこかいつもフランスの香りを漂わせているような方でした。

入学したての頃、ある会合で、先生と話が盛り上がり、長い時間話をさせていただ

く機会を得ることができました。その最後の頃でしょうか、突然、語調を変え改まって、

「松永君、医者と芸者と役者……。みんな、者（しゃ）が付くね……」

「はい」

「どうしてだろうね」

結局、そこまでで会合も終わったため、答はお聞きすることもなく時が過ぎ、私は医者になっていきました。

研修医で、内科各科のローテーション中に、あと1ヶ月で他科に移ることになっていたある日、初老の、白髪のまさに「紳士」という形容詞がぴったりな方が入院され、私が受け持つことになりました。足腰のしびれ・痛みなどの精密検査と治療が目的で入院された方でした。入院時の病名は、……「前立腺癌の脊椎への転移の疑い」でした。

自分で起こされた会社の社長で、会社のためにも、ご家族のためにも早く原因を突き止めて治したいと、私ににこにこしながらおっしゃいました。

指導医とともにご家族に会った時、癌の転移の確定診断がついていましたが、どうしても本人には癌のことは知らせないでほしい、という要望が強く出されました。当時、癌の告知の問題では、各科や病状、部位によっても異なり、またご家族の意向にも耳を傾けざるを得ず、私としては、「脊椎にカビのような菌があり、それを放射線で治療しましょう」と本人に申し上げたのです。

その治療を開始する日、放射線科で順番を待っている間、「先生、私の病気は癌ではないのですか？　もしそうなら会社のためにも、いろいろとやっておくこともあるので、教えてほしいのです」と、まっすぐに目を見て問いかけられてしまいました。

癌の告知は、病気や病期によっては難しく、個人のいろいろな情報に基づきながら、もし治る見込みの少ない場合は、その方の人生の最後まで愛情深く見守る覚悟も必要で、医者はその方の人生を引き受けるくらいの責務があるように考えていました。

ですから、その言葉を投げかけられた瞬間、私はまだその域まで達していなかったこと、指導医も告知の方針でなかったことから、「私は、前にもお話しした通り、カビのような菌を殺す治療をされれば、症状が改善する可能性があると思います。癌についてはいまのところ、気にせずに、さらに検査もしながら治療に期待しましょう」と、目を見たまま、心臓の高鳴るのを悟られないように、なるべく落ち着いてお話ししたことを忘れることができません。

………「医者　芸者　役者」………

深い心の底から、田辺貞之助先生のお顔とその言葉が蘇ってきました。

何が正しいのか、正直が正しいのか？

否、人を幸福にする演技も必要か？

まず、自分の価値観を捨て、患者さんに耳を傾け、信頼を得る近道が、その技となるのか？

診させていただいている方の人生をまるごと受け止められるように、さらに向上したいと考える今日この頃です。

家族のこと

私はいつも、頭の中に施設のことがあります。どうすれば、ご利用者にもっと気持ちよく過ごしてもらえるか、もっと楽しくリハビリを充実してあげられるか、また、これからの施設はどうあるべきなのか、といったことに思いや考えを巡らしているというわけです。

そんな私が仕事と家庭をまがりなりにも両立できているのはひとえに家族の協力があってのことです。

1987年に結婚し、翌年、娘が生まれましたが、出産の前日まで働いており、出産後は8日目から働き出しました。当時は埼玉に住んでいたので、車で1時間半かけて、子どもを実家に預け、仕事が終わってから帰るということの繰り返しでした。

1995年、実家を二世帯住宅に建て替えたのを機に、実家に引っ越してきました。引っ越す前の2週間、後にも先にもこの時だけ、専業主婦をやりました。私は料理が好きなので、とても楽しい2週間でした。

仕事をしていても、料理はできる時にはするようにしています。後片付けは、娘が引き受けてくれます。

娘は現在、中学生ですが、小さな頃から、子どもの好奇心にまかせてカッターや包丁を持たせたのが功を奏したのか、彼女も料理が好きです。小学生の頃には、私が夜帰宅すると、覚えたてのホットケーキを作って持ってきてくれたりして、嬉しかったものです。いまも、よく料理をしてくれますが、なかなかの腕前になっています。レシピ通りに作るのは面白くないらしく、自分なりの工夫が加わるものですから、時々、世にも不思議な料理が出てきたりもしますが……。

洗濯は夜間にするのが、我が家の流儀です。掃除は、深夜の通販のテレビ番組で便利な道具があると、それを買っては効率を図るようにしているのですが、掃除の苦手な私のために、夫が時々、掃除機をかけてくれます。

夫の将裕《まさひろ》は現在、『松永医院』の院長であるとともに、『社会福祉法人裕母和会』の理事長を務めています。小学生低学年の頃から電車が好きで、乗るだけでなく、自分で作るようにもなり、それはいまもって続いています。40年以上作り続けても飽きない性格には恐れ入るばかりです。

私が施設をつくりたいといった時は、2度ほど、「大丈夫?・?・?・?・」と、?・マークを5つぐらい付けて聞いてきましたが、「あなたは、倒れる時も前向きに倒れるという人だから……」と、基本的に、私の情熱を認めてくれています。

なお、家族旅行というと、10年近くいつも、『ディズニーランド』でした。理由は明快で、施設から呼び出しがあった時に、『ディズニーランド』なら、車で1時間半で戻ることができるためでした。1997年に、老人保健施設の常勤の医師が2人になり、1泊の旅行が可能になり、1999年からは、さらにスタッフが整い、2〜3泊の旅行もできるようになりました。

我が家の旅行と施設の充実度は正比例しており、どちらについても、今後のさらなる進展を楽しみにしたいところです。

第2章

こんな施設があったらいいなの一念で次々と

6つの施設を立ち上げる

1991年4月、特別養護老人ホーム『清松園』を開設する運びになったと述べました。

当時は痴呆や障害のある人に対する理解が不足していました。オムツは汚れっぱなし、家の中を這うようにして動き、もちろんお風呂にも満足に入れてもらえない……汚れた体を、医者に診てもらうのが申し訳ないのか、恥ずかしそうに身を引くお年寄りが何人もいたのです。そして、長男の嫁がそういう老人の世話をするのが当たり前、親戚はやかましく口は出すけどお金は一切出さないという状況でした。

家庭での介護の限界を目の当たりにして、「いま、何が一番大事なことなんだろう」と考えていった末に、心にムクムクと湧いてきたのが、「施設が欲しい」という思いだったのです。その強い思いに端を発し、紆余曲折を経て誕生したのが、特別養護老人ホーム『清松園』だったわけです。

しかし、実際に開設してみると、また新しい問題がいろいろ生まれました。まず、入所の判定が非常に厳しく、入所すること自体が大変であることがわかりました。入所希望者の財産、収入、家族のことなどが細かく調べられます。それらのデータに基づき、判定が出て、やっと入所が可能になるのです。不公平がないように福祉を実施するには仕方のないこととはいえ、それは本来プライバシーの問題であり、調べられることがいやで申請しない例も少なくありませんでした。

また、事前の調査結果とは異なり、重度の障害のある人が多いことがわかりました。しかし、決して収益の出る施設ではありませんから、リハビリテーションをやりたくても、専門の理学療法士や作業療法士を雇い入れるだけのお金もありませんでした。

そのような問題を解決するために、また心にムラムラと湧いてきた「誰かが、やらなければならない」という思いに突き動かされ、1996年4月、老人保健施設『安《あ》純《ずみ》の里』を開設しました。

『聖生会《せいせいかい》』の「聖（ひじり）」は知徳が高く、万人の師と仰がれる人。狭義にはいろいろな仕事や芸能で超一流の存在という意味もあることから、医療・福祉・保健の世界で「技術」はもちろんですが、「心」も一流の人が、当法人からも多く「生」まれてほしいという願いを込めて命名しました。

なお、「老人保健施設」は病院から自宅に戻る間、またはリハビリや介護が必要な人に対して、リハビリ・看護・介護などのケアを行ない、自立のための支援をすることを主たる目的とします。

２０００年4月から介護保険が実施されたのに伴い、「特別養護老人ホーム」の名称は「介護老人福祉施設」ともいわれようになりましたし、また「老人保健施設」は「介護老人保健施設」に変更になっています。高齢者を対象とした施設には、特別養護老人ホーム・養護老人ホーム・介護老人保健施設・ケアハウス・有料老人ホーム等、他にも各種あります。その中で身近な施設やサービスを一部ご紹介致します。

特別養護老人ホーム（介護老人福祉施設）

介護保険のもとで、要介護者と認定された高齢者を対象に、ケアプランに基づき、介護サービスや日常生活の援助が行なわれます。

介護老人保健施設

介護保険のもと、病状が安定期にある要介護者に対し、ケアプランに基づき、リハビリや、療養に必要な医療、看護、介護に加え、日常生活の援助が提供される施設です。

養護老人ホーム

原則として65歳以上で、市町村の判定により入所が決定されます。ある程度、自分の身の回りのことが自分でできるが、心身の機能の低下により日常生活に支障があったり、低所得のため生活が困難な方のための施設です。

老人デイサービス

介護保険のもと、虚弱や寝たきり、痴呆性の高齢者を昼間預かり、入浴や食事、健康チェック、日常生活動作訓練などのサービスを行なうことです。

通所リハビリテーション（デイケア）

介護保険のもと、日帰りで、リハビリテーションを行なうことです。具体的には、機能訓練と、入浴、食事などの介護のサービスが利用できます。

在宅介護支援センター

原則として65歳以上の高齢者を対象に、24時間体制で、介護の支援をはじめ、その家族の在宅介護や生活上の悩みなどに関する相談に応じます。また、市町村などの各種サービスの紹介や取り次ぎ、介護機器の展示や使用方法の指導などを行なうキーステーションとしての役割を担います。'06年4月から包括支援センターが設置されます。

指定居宅介護支援事業所（ケアプラン作成機関）

ケアマネジャーが配置され、要介護者の個々の相談に乗り、実際のケアプラン（介護サービス計画）を作成する機関です。

ところで、介護保険の実施が決まり話題になった頃、特別養護老人ホーム『清松園』のご利用者の中からも、「障害が軽いために介護保険の認定漏れになったら、ここに居られなくなってしまうんだろうか」と不安いっぱいの質問がありました。

そうした不安は取り越し苦労とばかりいえず、例えば、身内がいない、身寄りがない、軽い痴呆である、目が少し不自由であるといった場合にも、食事をしたり、散歩をしたりはできるという方は、認定漏れになる可能性がありました。そうしますと、それまで特別養護老人ホームに入っていた方々の何人かが、利用できなくなってしまうのです（※介護保険実施前に既に施設に入所していた人の場合は、介護保険制度の実施後5年間権利が延長されます）。

そこで、介護保険の始まる2000年までに、「こうした不安を解決する受け皿が欲しい」とまたまた心にムラムラと湧いてくる思いがありました。

〝願いは、実現する〟といわれますが文字通り、いろいろな話が次々に決まり、同時進行の形で3つの施設の計画・建設を手掛けることになりました。その結果、199

9年に老人保健施設『さくらの里』、同年に介護対応型マンション『悠楓園《ゆうふう》』、そして2000年に養護老人ホーム『悠生園』を開設しました。

『悠楓園』は経済的に少し余裕のある方のために、一般的な賃貸マンションにキメ細かな介護に関する配慮がされている介護対応型マンションをと考えたものです。

なお、養護老人ホームの場合は、特養利用者などで認定漏れになった場合、措置という制度で調査を受けます。はっきりいうと、経済的に余裕の無い方や、生活保護を受けていた方が中心になりますが、身寄りがない、家がないということで、施設に入所することができます。ですから、身体状況だけでなく、ある程度の資産状況を加味された中で、この方はマンションや有料老人ホームでは難しいということであれば、養護の方で手助けさせてもらうことができるわけです。そういう意味からも、やはり必要な施設であると考えまして、やらせていただく決心をしました。

いずれの施設も満床で、「ずっとここに住みたい」といったお声もたくさんいただいていますが、さらなる悩みのタネは、入所を待ってくださる方が大勢出てしまっていることです。

社会的にも施設の充実が質・量ともにますます求められているわけですが、２００２年10月、新たに老人介護施設『和の里《なごみのさと》』を開設しました。『和の里』のスタートを期して、私の運営するすべての施設においてリハビリ部門をより充実させることを計画し、理学療法、作業療法、言語視聴覚障害の改善など、専門的なトレーニングがきちんと図れるようにもしました。

こうして、「こんな施設があったらいいな」の一念で次々に立ち上げてきたそれぞれの施設について、以下、少し詳しくお話ししたいと思います。介護を必要とする高齢者のための保健・福祉施設について理解していただく一助になればと思います。

社会福祉法人裕母和会　特別介護老人ホーム『清松園《せいしょうえん》』
［１９９１年４月開設　栃木県下都賀郡岩舟町和泉８１６
ＴＥＬ０２８２―５５―６６７７］

——介護施設の必要性に駆り立てられ7年掛かりで開設

◎【特別養護老人ホーム（介護老人福祉施設）】
入所定員　50名（ショートステイ7名）

◎併設
【デイサービスセンター】
【指定居宅介護支援事業所】

『清松園』の名前は、清い心、純粋な気持ちでご利用者の暮らしをサポートさせていただきたいという気持ちを込めて命名しました。

２００２年現在、当施設のご利用者の平均年齢は８２・３歳で、要介護度は平均４・１という数字が出ています。従って、在宅復帰を目標にはしていますが、それを実現するのはなかなか難しいというのが実情です。とはいえ、施設では常時、医師による回診やカウンセリングが行なわれますので、身体の変調などに対しては早期にケアを

「清松園」食堂の外観

受けられます。
当施設は、中庭をぐるりと囲むようにして設計された平屋づくりで、外観がピンク色で彩られています。
〝1階建て〟にしたのは、当時の行政指導により、そうせざるを得なかったためです。というのも、その2年ほど前に、東京の特別養護老人ホームで火事があり、関係各所でいろいろ反省・検討が行なわれた結果、〝1階建て〟が適当と判断されるに至ったのです。
その条件のもと、建物の全体像は、勤務医時代、私が教授のおともで国際学会に出席するため南米・アルゼンチンを訪問した際、立ち寄った世界3大瀑布《ばくふ》の一つ、イグアスの滝の近くにあった瀟洒なリゾートホテルをモデルにしました。建物が中庭をぐるりと囲んでいますが、単調なラインではなかったり、屋根が一部尖っていたりと、造形的にかなり変化をつけたのは私流のこだわりからでした。

こうすると熱効率が悪いのはわかっていましたが、「お体の状態やご希望でお酒も飲める、何でもあり」、「ご利用者の自由なご希望も、何でもまず認めるところから始めたい」という施設の精神を〝建物〟に表現し、徹底させたかったのです。

さらに、室内の設計には細かい点まで、私の意向をいかしてもらいました。

その後につくった各施設でも基本的に、次の点については同じように設計及びデザインをしてもらっています。

①明るい色彩を多用することにこだわりました。

病院や施設というと一般に、白を中心に無機質な雰囲気が良しとされる傾向がありますが、私は室内にもピンク、ブルー、グリーン、イエローなど明るい色を多用する

「清松園」の４人部屋のようす

ことにしました（巻頭カラー写真の施設内の様子をご覧ください）。

色彩が、人間の心や体に影響を及ぼすことは専門家によって明らかにされています。明るい色彩を用いた目的は、室内を優しく爽やかな雰囲気に彩るとともに、ご利用者の皆さんの気持ちを晴れやかにし、元気を出していただくためです。

また、高齢になると視力が弱まるので、東西南北の方向別などに部屋のドアやカーテンの色を統一しておくと、ご利用者が自分の部屋を探すのに迷わなくて済むという目印としての役割も果たすこともできます。まさに一石二鳥、一石三鳥なのです。

いまでこそ、明るい色を取り入れた施設は珍しくありませんが、当時は、建物自体のユニークさに加え、画期的な色使いということで話題になり、他府県からも福祉・保健関係の方がたくさん見学にこられたものでした。

②部屋のスペースをできるだけ広く取るようにしました。

③廊下の幅を広く取り、車椅子ですれ違っても余裕があるように配慮しました。

④トイレの入り口には暖簾《のれん》風のカーテンを取り付け、車椅子でもサッと入れて、しかも中が見えないように工夫しました。

⑤お風呂は気持ちよく入っていただきたいと思い、特殊機械浴槽や、寝たきりの方など車イスでも、横たわったままでも入浴できるリクライニング式チェア、入浴用車椅子にしても、納得のいく品を導入しました。

なお、『清松園』では、それぞれのベッドの上に窓を付けるように設計したのも、私のこだわった部分でした。窓といえば、部屋の大きな窓には障子をはめて、家庭的な和やかな雰囲気を演出するようにもしました。

２００1年にちょうど10年目を迎えましたが、開設当日の4月8日は前日の大雨のため、道や門の前がぬかるんでいて、歩くには長靴が必要な状態だったことが思い出されます。その年は前年から大雨の日が多く、工事にもひびくほどで、気を揉んだものでした。

その後も、〝水害〟は続いて、開設したものの、思いがけない出来事に次々に見舞われてしまいます。まずは、床から水がしみ出てきてしまったのです。ご利用者の中には喘息の人もいますから、カビでも生えて悪化させたら大変なことになります。さらに、雨の日には雨漏りするではありませんか。

早速、修理することを余儀なくされ、工事が終わるまで半年くらいかかりました。この時ばかりは、自治体の係の方や金融機関も気の毒に思ってくれたようで、県は社会福祉医療事業団の再度の借り入れを許可してくださり、さらに金融機関も時代が良かったのか、無担保で融資してくれましたが、精神的に随分鍛えられることになりました。

また、デイサービスを始めてみると、事前の調査で重度の方のパーセンテージはそれほどでなかったのとはズレが生じていて、ほとんどの方が重度でした。それで、限られた予算の中でストレッチャー車を改造したり、増やしたりもしてきました。

ところで、事業費をつくるために生前贈与を受けたくらいで、両親には何かと応援してもらっていますが、当初、父には社会福祉法人『裕母和会』の理事長、民生委員を何十年もしていた母には、『清松園』の施設長を引き受けてもらいました。

母には、施設長を務めてもらうに当たり、研修を受けてもらうことが必要だったのですが、「研修は熱海で行なわれるから、温泉を楽しみがてら、参加してきてよ」というめ、ともかく出掛けてもらいました。結局、試験もあったとかで、難儀なことをさせてしまったのも、いまでは懐かしい思い出です。

さて、開設10年目の記念に、現・小沢施設長の発案もあり、中庭に噴水と新しいベンチを置きました(巻頭カラー写真参照)。晴れた日には、噴水の放物線を描く水に陽光が輝き、美しい光景を見せてくれるのを楽しみながら、気持ちよく日向ぼっこでもしてもらえればと思って選ばせていただきました。

医療法人聖生会　介護老人保健施設『安純《あずみ》の里』
［1996年4月開設　栃木県下都賀郡岩舟町古江405
TEL0282—55—2000］
——自由に申し込みのできる施設を。"Smile Smile Smile"
◎【介護老人保健施設】
入所定員　100名（ショートステイを含む）
◎併設
【通所リハビリテーション】
【指定居宅介護支援事業所】
【岩舟町在宅介護支援センターあずみ】

『安純の里』の「安」には、ご利用される方が「安心」で「安全」に過ごすことができるように、そして「純」には、介護・看護する私たちがいつも「純粋」な気持ちで、ご利用者の本当の心の声をうかがうことができるようにという意味が込められています。

2階建てで、1階はリハビリや介護が必要で入所している方、2階は痴呆で入所している方などに提供されています。

居室はもとより、共用部分もゆったりとスペースを取るように配慮しました。中でも、浴室にもたっぷりスペースを取ることができたため、ご利用者にのびのびとした気分で入浴を楽しんでいただくことができていると思います。

当施設をはじめて訪れた家族の方などが、正面入り口から入った時に、ピンクやグリーン、イエロー、ブルーなど明るい色をポイントに配した広々とした食堂やホール、廊下などが目に飛び込んできて、「緊張していた気持ちがゆるみ、ここなら安心してお願いできると思った」とおっしゃってくださいます。

またトイレの便器は前向きに座っても、後ろ向きに座っても大丈夫な、いわゆる「〇《オー》型」のものを使用しています。

さらに4人室や2人室など、間仕切りとして、上部に障子の付いた収納家具を置くようにしていますが、この障子が家庭的な雰囲気をかもしだすのにとても役立ってくれています（巻頭カラー写真参照）。

2階に痴呆の方のお部屋がありますが、廊下は自由に移動できるようにオープンにし、徘徊したい場合にも対応できるようにしています。

1階にしろ、2階にしろ、ベッドを使うとご利用者に負担がかかったり、危険があると思われるケースでは、マットだけを下に敷いて床ベッドの形で使えるようにしています。また、そのご利用者が左側に麻痺があるならば、左側に壁、右側に通路がくるような位置にベッドを置くようにします。

なお、『安純の里』では2002年3月、広報誌『Smile Smile Smile』（安純の里広報委員会発行・編集）を創刊しました。この誌名は、私が職員に対してよく話している、「いつもにっこりニコニコ」という言葉から、職員の笑顔、ご利用者の笑顔、ご家族の笑顔の3つの笑顔が、当誌によってより大きな笑顔になればいいなという願いから、職員が考えてくれました。

創刊号の巻頭に、施設長の挨拶として、「(前略) ご利用者の方々に、何をしてさし上げられるかを常に考え行動する施設であり続けたいと思っています。今後さらに、職員一同研鑽を重ね、優しい笑顔を心から皆様に伝えられるように努力させていただきたいと考えておりますので、よろしくご指導お願いいたします」という文章がありますが、私としても、ご利用者一人一人の希望に即したプランに合った介護・看護をして差し上げられるように精進していきたいと気持ちを新たにした次第です。

医療法人聖生会　介護老人保健施設『さくらの里』

［1999年11月開設　栃木県佐野市寺久保町248―1
TEL0283―26―1123］

――もっと施設が必要。潔い桜の美しい土地に〝介護〟の花を

◎【介護老人保健施設】

入所定員　90名（ショートステイを含む）

◎併設
【通所リハビリテーション】
【指定居宅介護支援事業所】
【佐野市在宅介護支援センターさくらの里】

『さくらの里』の命名は、施設の周辺が桜の美しい土地であると同時に、私の最も好きな花が桜であり、その端正な風情が〝きちんと判断し、間違いがあれば正していける潔い姿勢〟を表わしているように感じられたことに由来しています。

建物自体が緑色の屋根に、濃い桜色の外壁で、『さくらの里』にふさわしい色使いになっています。なお、玄関前の支柱には水色を使っています。「美」にこだわれば、緑色と桜色の2色でまとめた方が洗練されているのでしょうが、私はどうしても水色を加えたいと思いました。つまり、「美」に破綻をきたしたとしても、桜の樹と水という自然の取り合わせをそのまま表現したいと考えたわけです。

介護・看護・リハビリテーションなどのケアを必要とされる方、お世話をさせてい

手すりもカラフルなドアノブを使用している（巻頭カラー写真も参照）

ただく医師、看護婦、ケアワーカー、療法士、栄養士、事務員……さまざまな職種の職員がそこにいることが自然であるという精神につながれば、とも思いました。

1階にはリハビリや介護が必要で入所されている方などを対象に50床あり、2階には痴呆の方を対象に40床あります。

スペースをゆったり取った食堂や廊下、部屋、カラフルな色使いのドアやカーテン、床のアクセント、4人部屋や2部屋の間仕切りに用いた上部に障子の付いた収納家具、使い勝手のいい「〇《オー》型」のトイレや浴室など、前述の介護老人保健施設『安純の里』と同様に、使いやすく、しかも気持ちが明るく元気になり、リハビリにもやる気が出るような雰囲気を大切に考えて、設計させていただいています。

なお、『安純の里』と『さくらの里』では、日清医療食品（株）の方々が健康に良いおいしい食事を日々提供して下さっています。

2002年7月現在、ご利用者は55～100歳と幅広い年齢層にわたります。一人一人の希望を尊重したプランのもと、家庭復帰を目指して、日々、自立を応援させていただいております。

介護対応型マンション『悠楓園《ゆうふう》』

［1999年10月開設　栃木県佐野市高砂町2800―1
TEL0283―23―0660］

――新しい発想。年齢・収入・介護の必要性の有無・同居、すべて制限なし

◎施設概要

全74戸　27・9～61・1㎡（トイレ、ミニキッチン、洗面台、風呂、緊急通報装置、クローゼット）
年齢制限なし、収入制限なし、同居制限なし・食事サービスが一食から頼める・日中は看護婦常駐で健康相談あり
◎併設
（医）聖生会
【ホームヘルパーサービスステーション　ゆうゆう】
【指定居宅介護支援事業所　ゆうゆう】

介護対応型マンション『悠楓園』は、日本ではじめての発想による、「年齢制限をしない」、「収入制限をしない」という〝介護に関する配慮が施された賃貸マンション〟です。これまで介護施設を運営させていただいてきた中で、年齢制限や収入制限、同居制限（高齢者の方しか住めないなど）を超えた住まいが必要になると考えたことから生まれました。

というのも、どんなに施設に入りたくても、年齢が少し若いために入れずに亡くなった悲しい例も見てきました。また、介護保険制度の適用により発生する認定漏れの問題もあります。介護認定では「自立」とされていても、一人で暮らすことが不安な高齢者も多いのです。

こうした問題点を解決したいと思うとともに、もう一つ、家族との同居をぜひ実現させたいという願いを持っていました。家族だけの親密な時間を毎日持てる……介護する側もされる側も一番望むのはこれです。そこで、家族が留守になる日中、同じマンションに介護の専門スタッフが常時いてくれ、必要なら介護サービスも受けられるようにしたらどうかと考えたのです。

近くには市役所や銀行、スーパーマーケット、飲食店などがある、佐野市の中心市街地に立地しています(JRと東武線が乗り入れる佐野駅から徒歩で2～3分)。以前は、『十字屋』というデパートでした。駅前商店街の中心的な存在であったデパートが１９９６年に撤退した後は、何年もの間、空き店舗になっていたのです。

私自身が、駅などから近い中心市街地への憧れがあったこともあり、市の中心部の物件を探していたところ、偶然、このデパートの跡地のご紹介があったことがことの始まりです。中心市街地こそ、介護対応型マンションにふさわしいと考えての積極的立地なのです。

つまり、年齢制限・収入制限を設けず、高齢者のみならず、若い方の利用も可能にすることで、少子・高齢化社会のニーズに応える住居空間としてだけでなく、新しいコミュニケーションの場として、また情報発信の場としても機能する可能性が大いに考えられることになります。それで、中心市街地であることは大きな意味を持つわけです。

何しろ日本ではじめての発想による施設ですから、その特徴がわかりにくいと思いますので、従来のマンションやケアハウス、有料老人ホームと比較してみました（表1参照）。どういう違いがあるかを、よく理解していただけると思います。

一般のマンションの機能に加え、一戸当たり3ヶ所の緊急通報装置が付いていますし、施設内（2階）に日中は看護婦が常駐しているホームヘルパーのサービスステーションや指定居宅介護支援事務所が併設されているので、万が一、介護が必要になっ

	介護対応型マンション悠楓園	普通のマンション	ケアハウス	有料老人ホーム
バス、キッチン、トイレ付	○	○	△	△
入　会　金	なし	なし	△	あり
年　齢　制　限	なし	なし	あり	あり
家族の同居が出来る	○	○	×	×
大　浴　場	○	×	△	△
食　事	○	×	○	○
障害を持った場合の介護等	○	×	×	△
プライバシーの保護	○	○	△	○
バリアフリー、緊急通報装置	○	×	○	○

表1　普通のマンション、ケアハウス、有料老人ホームと比較した時の、悠楓園の特長

た場合でも、ここでケアプランをつくってもらえ、オプションでホームヘルプサービスを受けることができます。もちろん、他のヘルパーさんを入れることも自由です。

また、1階には『心療内科医院』や給食センター『日本栄養給食協会』が入っています。1ヶ月ごとにメニューが提示され、希望するところを予約します。毎日3食、年中無休で、希望者には1食からでも作ってくれ、各階の食堂や個室へも運んでくれる食事サービスを利用することができます。ちなみに、朝食400円、昼食600円、夕食600円です。管理栄養士が身体の状態に合わせて献立を作成するのはもとより、病人食、治療食への対応も可能です。

地下1階・地上5階で、地下1階は駐車場、1階はテナント、2~4階がマンション部分になっています。さらに1階と5階の一部が介護老人保健施設となっています。もともとデパートだった建物のため、普通の住宅と比べて3~5倍の強度を持ち、また中廊下にすることが可能だったため、一般のマンションにない安心感が得られるなどの利点もあります。バリアフリーにするために20cm以上も床を上げたにもかかわらず、各階の天井が高いため、充分な高さと広さが確保できています。

マンション部分には、２階に21室、３階に28室、４階に25室、合計74室・９タイプが用意されています。

●『ホームヘルパーサービスステーション　ゆうゆう』が日常生活をサポートします。

・家事援助　部屋の掃除・洗濯・洗い物・調理などをお世話いたします。

・身体介護　体の具合が悪い場合に身体介護・おむつ介助などのお世話をいたします。

・その他さまざまなご希望にお応えいたします。

（※介護保険適用外の方もご利用いただけます）

また近くには、耳鼻科・内科・外科・整形外科・皮膚科・眼科・歯科・泌尿器科・小児科・産婦人科などの先生方も開業されており、往診もしていただけるため、入居されている方には、心強い場所かと思います。

現在、『悠楓園』に入居されている方々は、要介護者に加え、高齢者での一人暮らし、共働きの子育て世代、シングルなど、多世代の元気な方も多くいらっしゃいます。

〝40代からの健康生活宣言〟を主張する雑誌『りふれくらぶ　№6』（婦人生活社発行）で紹介された、『悠楓園』に入居されている3人の方のお話を、以下、改めて再録させていただくことにします。なお、名前は匿名とさせていただきました。

●Aさんは70代の女性。ご主人も長男も亡くなってと、余りプライベートなことはお話ししたくない様子。まだ、思い出が辛いのでしょう。

２０００年春、新聞で『悠楓園』の記事を読み、来てみたら街の真ん中で便利、ホテルのように清潔なのが気にいって即入居することに。

「本当によいところです。施設だと制限がありますが、ここは自由です。プライバシーを侵されることもありません」

毎日少しずつ変化していく山を、部屋の窓から見るのが何よりの楽しみ。

「いままでこんなにのんびり、山や鳥を眺めたことなんてありませんでした」

強がりでなく、淋しくないというのは

「窓の下は、メインストリートなので人や車の通るのが見えます。人が見えるっていいもんですよ」

ご主人やお子さんとの思い出に十分浸りながら、ゆったりお暮らしの様子。時々、長男のお嫁さんと二人の孫が遊びに来てくれるのが何より嬉しいそうです。時には好きな大正琴を弾いたり、街へ散歩に出たり。

「街の人が親切で、優しいんですよ」

都会でせわしく暮らしていると、忘れてしまった人情が、この街には残っているといいました。

●Bさんは89歳のダンディな男性。

「僕はねえ、自分から進んでここに来たのよ」

奥様亡き後、長男夫婦と東京都下で暮らしていました。

「でも長男の嫁の親が要介護になってね、嫁さんの負担が増えてしまった。それなら僕が元気なんだから一人で暮らそうって決めたんですよ」

新聞広告を見て見学に来たら、

「センスの良い街、センスの良い住まいに惚れ込んでしまった」

近くにあるお洒落な喫茶店でケーキとコーヒーを楽しんだり、お酒が好きなので飲み屋さんや焼き鳥屋さんを探検して回り、いまでは親しいお店があちこちにできました。

「冬は部屋はもちろん、廊下もあったかくてねえ。夏は全館冷房で涼しい」

部屋では、自分の来し方について随筆を書いています。

「時々、長男の嫁さんから電話があって、小山（注・JR両毛線で佐野駅から20〜30分で小山駅へ。東北新幹線に接続）で待ち合わせてデートするの」

何とほほえましいこと。一人暮らしを始めてから、なお一層長男夫婦の愛情を感じるそうです。

「都会ずれしていない品の良い街」の佐野が大いに気に入っているといいます。
●Cさんは、共働きのお医者さん夫婦。保育園に行っている2歳のお子さんをお持ちです。

「いろいろな年齢層の方が住んでいますが、皆さん子どもに親切にしてくれるので助かります」

マンション内は全館バリアフリーで、廊下や多目的ホールも広く、子どもが遊ぶのに危険がない、と優しいお父さん。

「お風呂も温泉のように広いので、子どもが喜ぶんですよ」

奥様もお医者さんで忙しく、食事やお風呂の支度ができているのは何かと便利。

「僕も関東から来たんですが、街の人の優しさに潤いを感じます。子どもと行くスーパーでは、皆さん、言葉をかけてくれるし、ラーメン屋でも子ども用に『小盛り』を用意してくれます」

（同席していた）２人の高齢者は、

「あら、いいことを聞いた。量が多すぎて残すのが悪いから躊躇していた」

話はラーメン談義で盛り上がります。

「今度、皆さんでラーメンツアーしましょう。美味しい店を何軒か見つけてありますから」

いいコミュニケーションの場となりました。

ちなみにこのマンションには、お医者さんが3人入居しています。

なお、要介護者の方も入居しており、最も重度の方は要介護度4で、下半身麻痺の一人暮らしの方です。介護保険の住宅改造費20万円でトイレや洗面所などを車椅子用に改造した上で、介護保険のメニューを使って、悠々と暮らしていらっしゃいます。『悠楓園』は、退去時に現状に戻す約束で、部屋の改造も自由に変えることができます。

同一マンション内にヘルパーステーションがあり、巡回型（朝、昼、深夜と希望により30分以内で見回るケア）が使いやすいのも重宝します。この方の場合は、朝夕30分で、安否確認やポータブルトイレの片付け、服薬確認などのサービスを受けていらっしゃいます。そして、ヘルパーの介助で入浴を済ませます。食事は、これも階下に入っているテナント『日本栄養給食協会』のサービスを利用して部屋に運んでもらうものの、自力で食べていらっしゃいます。

なお、日が暮れる頃、淋しくなるのか、「ちょっと寄って」、「ご飯を食べるのを見守っていて」といった注文がしばしばありますが、そうした要望にももちろんスタッフが応じ、安心してもらえるシステムができています。

つまり、『ホームヘルパーサービスステーション　ゆうゆう』(365日24時間対応)を利用することで、内部の方も、外部の方も、必要な時に必要なだけの介護や家事援助が受けられることになっているのです。

このように、介護対応型マンション『悠楓園』は、比較的手頃な費用で、さまざまなニーズに対応できる、たいへんクオリティの高い〝安心付きの住まい〟といえるかと思います。

ところで、この『悠楓園』の一部は、宿泊施設として提供しています。一泊3食光熱費込みで、個室が5700円、2人部屋が4700円、3人部屋が3700円(全て税込み)。冷暖房完備で、食堂や大浴場の施設が利用できるのは、住民とすべて同じ条件です。

1泊からロングステイまで、要介護者はもとより、いろいろな方にご利用いただいています。

通常はケアハウスにお住まいの方が、そのケアハウスに冷房がないため、湿疹ができてしまい、佐野市に住む娘さんのはからいで、夏の2ヶ月間、ロングステイとしたケースもありました。「家には引き取れなかったので助かりました」と、娘さんは明るい声で語っていました。また、佐野市に嫁いだ娘にできた孫に会いたいけれど、娘宅は狭くて泊まれないのでと、1週間宿泊した方もいました。「孫と、大浴場に入ったり、郷土料理を食べに行ったり、楽しく過ごせました」と喜ばれていました。

入居を考えている方が事前に、体験的に利用なさる場合もあります。

もちろん、日光や那須塩原温泉、赤見温泉も近いですから、ここに宿泊し、日帰りで楽しむ方など、観光用に使われる方もいらっしゃいます。

『悠楓園』の名前は、私の母が宗家を務める吟剣詩舞道と書道の雅号〝悠楓〟にちなんだものです。

なお、これまでにない新しい発想のもとに起こした健康な人や若い人も対象にした守備範囲の広い事業のために、関連の医療法人や社会福祉法人では経営することができず、『有限会社　えむ企画』という会社を設立し、経営しています。

介護対応型マンションはまだまだ、馴染みが薄いかと思いますが、20年30年先を考えた時、利便性が高く、安心で、ゆとりのある暮らしを送るためには、中心市街他に介護対応型マンションをつくっていくことが必要だと考えます。そのことで、衰退・空洞化している中心以外の土地に、新たな消費・活力が生まれる可能性も出てくるのです。

これからの介護対応型マンションのあり方としては、年齢・収入制限をしないことを柱に、テナントや異業種の事業との合体、例えば、専門学校、カルチャースクール、ブティック、飲食店、塾などをテナントとしたり、また学校や会社などの寮としての機能を持たせることもできるでしょう。

実際、今回の計画の初期には、金銭的に余裕が無かったために実現には至りませんでしたが、地下1～地上1階に、ストレス治療も含めたスーパー銭湯を検討したこともありました。

今後、『悠楓園』の取り組みを参考にして、各地で介護対応型マンションがつくられていけば良いと思っています。

社会福祉法人裕母和会　養護老人ホーム『悠生園』

［2000年4月開設　栃木県佐野市寺久保町238
TEL0283―25―0540］

――悠々と安心して生活してほしいとの願いを込めて

◎【養護老人ホーム『悠生園』】
入所定員　50名
全室個室

◎併設
【老人デイサービスセンター『悠生園』】

養護老人ホーム『悠生園』の前身は、佐野市の措置施設でした。佐野市サイドから、「そちらで、引き継いでもらえないか」という話をいただいたのが、そもそもの始まりでした。それで、介護保険の認定漏れの問題を何とかしたいという気持ちがあったことから、一度見学に行くことにしたのですが、行ってみてびっくりしました。

築およそ30年という建物はひどく老朽化していて、剥き出しのコンクリート壁は落ちかけ、それをボルトで何とか止めているという具合ですし、洗面所は吹きさらしの渡り廊下にあり、寒い冬には高齢の身にはさぞかし辛いだろうと察せられました。階段も外部に出ていました。そして、6〜8畳の部屋を実に4人で使っていました。これは、何とかしなくてはならないと思いました。

まずは資金繰りです。特別養護老人ホーム『清松園』の立ち上げの際にもお願いした『日本財団』に、今度は『清松園』の実績が認められ、幸いなことに申請した年度に援助していただけることになりました。さらに私たちの寄付、佐野市の補助金や社会福祉医療事業団からの借金などを総動員し、何とか資金を用意することができました。

これまで惨憺たる環境や境遇に甘んじてきたご利用者の皆さんに、これからは、「できる範囲で最大限、居心地よく」過ごしていただきたいと、〝ゆとり〟をテーマに設計しました。なお、『悠生園』の名前は、〝悠々と生きる〟ことができるようにという願いから付けました。

そこで、実現させたのが、〝全室個室〟です。現在、民間で全室個室の養護老人ホームは日本では珍しいと思います。7・5畳の個室で、畳&フローリングでしつらえられています。当初は、「一人で寝るのは寂しい」といって、仲良しの2人が、一部屋は寝室に、もう一部屋は居間として使っているケースもありました。もちろん、いまでは皆さん、個室に慣れたようです。部屋の表札は、敬称抜きになっています。養護老人ホームの場合、長くお住まいになるので、ご利用者とはいえ、〝自分の家〟の感覚を重視させていただいたわけです。

また、2部屋に一つの割で、トイレと洗面台を設けました。掃除も、2人で責任を持ってやってもらっています。他の人が使うと文句が出るぐらい、自分のすまいとして大切にしてくださっています。

年齢を重ねていくにつれて、車椅子の人も増えてくるでしょうから、車椅子2台分がゆっくり通れるように廊下の幅も広く取りました。

そして、食事は、施設の職員が毎食、メニューの違う、おいしい料理を提供できるように頑張っています。「食事がたのしみ」といってもらえるのが、何よりの評価だと思っています。

現在、65~91歳の50人（男性21人・女性29人）が利用されています。50人がそれぞれの人生を歩んできた末に一つ屋根の下で暮らしているわけで、それぞれの人生を尊重することが、スタッフの心構えの原点になるのは、当施設においても例外ではありません。

なお、養護老人ホーム『悠生園』は2000年3月に開設していますが、それに半年遅れて、同施設内に『デイサービスセンター』を開設し、日帰り介護を通して地域社会の福祉・保健のお手伝いもさせていただいています。

医療法人聖生会　介護老人保健施設『和《なごみ》の里』

［2002年10月開設　栃木県佐野市高砂町2800―1

TEL0283―22―2669

／介護対応型マンション『悠楓園』と同じ建物内1階と5階］

――入所を待ち望む要介護・看護者の一助になりたいと

◎【介護老人保健施設】

入所定員　45名（ショートステイを含む）

◎併設

【通所リハビリテーション】

介護対応型マンション『悠楓園』の5階を、会議室&屋上から介護老人保健施設『和の里』に改増築、そして1階に通所リハビリを併設したものです。これまでの施設づくりで得たノウハウを、ハード面にもソフト面にも充分にいかしています。

今回も、やむにやまれぬ気持ちからスタートしました。介護保険の導入により、在宅介護に対し社会的支援が強化される一方、施設への入所を希望される方は増加の一途で、私が運営する介護施設ではいずれも入所を希望されながら、何ヶ月もお待ちになられている方がいらっしゃいます。

こうした状況に手をこまねいているのがしのびなく、日頃から対応策をいろいろ模索はしていたのですが、灯台もと暗し、『悠楓園』の1階と5階を活用する余地のあることに気づきました。思い立ったが吉日とばかり、新たに施設をつくることを決心すると、実現に向けてまっしぐら、県や市の皆様のお陰で何とか立ち上げることができました。

そのため、借金が一段と膨らむことになりましたが、借金が返せて、職員に給料が払え、施設が運営できていければいいと考えれば、何とかなるものだと度胸をすえています。

社会福祉法人裕母和会　特別養護老人ホーム『かがやき』
［2006年5月開設　栃木県下都賀郡岩舟町静戸970―1］
――ユニットタイプ全室個室の新型介護老人福祉施設

◎【特別養護老人ホーム】
入所定員　100名（ショートステイを含む）
◎併設
【指定居宅介護支援事業所】

一分でも一秒でも多くの時間を、かがやいて生活していただきたいという願いをこめて「かがやき」と命名いたしました。ユニットタイプ・全室個室で、より家庭的でさらに個別対応を重視していきたいと考えております。

第3章

ご利用者の幸せが、私たちの喜びです

ここにずっと住みたい

ご利用者にとって良い施設の条件とは、設備が整っていることも大事でしょうが、それ以上に、職員からやさしく温かい、そして適切な介護や看護を受けられることだと思います。

そうした介護を可能にするためには、職員の「量」と「質」の両面を充実させることが必要とされます。

私の運営する施設でも、職員の「量」についていえば、可能な範囲ではありますが、職員の人数を確保するように努力しています。そして、私が何といっても力を入れているのが、職員一人一人に介護の「質」を高めるように努めてもらうことです。

ご利用者は介護や看護を必要とする老年期の方々です。それをよくわきまえた上で、ご利用者に人間らしく接し、いきいきと明るく生活していけるような介護やリハビリを行なうことを心掛けてほしいと思っています。意識のない寝たきりのご利用者に対しても、他のご利用者に接するのと同じく、「おはようございます。今日は気持ちのいい青空ですよ」などと声を掛けるようであってほしいと思います。

また、老年期の心身の状況をよく理解し、介護・看護に当たることも非常に大切にしたいところです。

年を取っていくと性格が、「尖鋭化《せんえい》」といって、良いところも悪いところも突出してくる方がいます。それは、病気という枠内でおさまるものではなく、老化に伴い現われてくることもあります。

具体的にいうと、〝好々爺《こうこうや》〟という言葉があるように良く変われる方と、他方、怒りっぽい人がますます短気になったり、用心深く慎重な人が猜疑的になるなど、自分に固執される方がいます。さらに、通帳がないといってお嫁さんに疑いをかけたり、食事をさせてもらえないと友達の家でグチをいったり、痴呆などの初期症状が出たりすると、現実問題として、お嫁さんにしてみれば大変な問題です。そういった小さなわだかまりの積み重ねが、非常に大きな亀裂になりかねません。

病気であるようなら、専門家に相談することで、改善できる部分もありますが、障害や病気がない方の場合には、まったくわからないまま日常の中で暮らされているわけです。それだけに、病気にしても、病気までは行っていないにしても、ご老人がどう変わっていくかという変化を、十分、認識することがとても大事になります。

体についても、老齢期は、生命活動のすべてに衰えがみられるようになります。生命活動が徐々に衰退し、やがて、老衰による死を迎えることになります。

こうした老年期の心身の特徴を把握することを含めて介護の専門的な能力を持つことと、ご利用者を心の底から幸せにしてあげたい、その人のためになりたいと願う真心を両輪にして、一人一人に即した介護をすることが、ご利用者に気持ちよく過ごしていただくための基盤になると思っています。

ご利用者に、「ずっとここに住みたい」といっていただく度に、その気持ちに応えて、ますます介護の質を高めなければいけないという思いを新たにしています。とにもかくにも、ご利用者の幸せが、私たちの喜びなのです。

新しいファミリー

施設では、ここで過ごすご利用者の皆さんを、一つの家族として考えて、介護をさせてもらっています。

特別養護老人ホームや養護老人ホームは、ご利用者のほとんどにとって、〝終《つい》のすみ家〟となるため、郵便物の受け取りなどの関係もあり、原則として、住民票を施設へ移してもらいます。中には、住民票の移動を逡巡《しゅんじゅん》するご家族もいますが、ひどい例では老親のお金を当てにして、年金の振込み先を自宅にしておきたがるケースもあります。その結果、ご利用者の経済状態が苦しくなり、要介護の利用料（1ヶ月平均5～6万円）が払えなくて困るといった事態を招かないとも限らないのです。

なお、ご利用者には、〝家庭〟のようにリラックスして過ごしてもらえることが一番ですから、特別養護老人ホーム『清松園』と養護老人ホーム『悠生園』では、スペースの許す範囲で、家具の持ち込みもＯＫですし、それまでの暮らしの中で慣れ親しんだ小物類はもちろん、お仏壇やお位牌も一緒に持ってこられる方もいらっしゃいます。過去には、自己負担で、部屋に電話を引き、毎晩晩酌を欠かさなかったご利用者もいらっしゃいました。

一方、介護老人保健施設は、ご利用者にとって、自立を目指して一時的にサポートを受けるところですから、身内のない人などは例外として、住民票を移すことは原則的にはありません。実際、入所期間は平均6ヶ月から1年間ということになります。

退所後は、ご自宅に戻られる方もいらっしゃいますが、多くの方は他の施設に移って行きます。人によっては、施設を変わることは気分転換になり、そのこと自体が効果的な場合もあります。ただし、施設を移ることが、医療的に心配される人、また施設を移ると、症状の悪化が懸念される方には、人道的な立場から、そのまま継続して入所を延長する場合もあります。

施設では、大学や専門学校などの実習生やボランティアの方などを受け入れ、介護に当たっていただくこともあります。施設には、介護職員の後輩などを育成するという義務もあるのです。

郵便はがき

恐縮ですが
切手を貼っ
てお出しく
ださい

160-0004

東京都新宿区
四谷4－28－20

(株) たま出版

ご愛読者カード係行

書名			
お買上書店名	都道府県　市区郡　書店		
ふりがな お名前		大正 昭和 平成　年生　歳	
ふりがな ご住所	□□□-□□□□	性別 男・女	
お電話番号	(ブックサービスの際、必要)	Eメール	

お買い求めの動機

1. 書店店頭で見て　2. 小社の目録を見て　3. 人にすすめられて
4. 新聞広告、雑誌記事、書評を見て(新聞、雑誌名　　　　)

上の質問に 1. と答えられた方の直接的な動機

1. タイトルにひかれた　2. 著者　3. 目次　4. カバーデザイン　5. 帯　6. その他

ご講読新聞　　新聞	ご講読雑誌

たま出版の本をお買い求めいただきありがとうございます。
この愛読者カードは今後の小社出版の企画およびイベント等の資料として役立たせていただきます。

本書についてのご意見、ご感想をお聞かせ下さい。 ① 内容について ② カバー、タイトル、編集について
今後、出版する上でとりあげてほしいテーマを挙げて下さい。
最近読んでおもしろかった本をお聞かせ下さい。
小社の目録や新刊情報はhttp://www.tamabook.comに出ていますが、コンピュータを使っていないので目録を　希望する　いらない
お客様の研究成果やお考えを出版してみたいというお気持ちはありますか。 ある　ない　内容・テーマ（　　）
「ある」場合、小社の担当者から出版のご案内が必要ですか。 希望する　希望しない

ご協力ありがとうございました。

〈ブックサービスのご案内〉

小社書籍の直接販売を料金着払いの宅急便サービスにて承っております。ご購入希望がございましたら下の欄に書名と冊数をお書きの上ご返送下さい。（送料1回210円）

ご注文書名	冊数	ご注文書名	冊数
	冊		冊
	冊		冊

実習生の仕事ぶりを見ていると、介護という仕事は非常に適性が問われるものであることを改めて思い知らされることがあります。つまり、学業がいくら優秀でも、気働きがいくらできても、それだけでは、介護職員に向いているとは限らないということです。そういう人は、かえって空回りして、燃え尽き症候群に見舞われやすいとさえいえます。

では、どういう人が、介護職員に適しているかといえば、「人間をまるごと受け入れられる人」、「気持ちのよい笑顔を持つことができる人」といえるでしょう。これは、学んで得られるというよりは、生まれつき身に付いているかどうかが大きくモノをいう類いのことです。こうした資質を持つ人が、プロとしての知識や技術を修得すると鬼に金棒で、将来の福祉の核になる人として成長が期待されます。

施設への理解を深めていただくということでは、小学校や中学校の課外授業の一貫でもあるのですが、地域の小・中学生との交流も実施しています。

後日、小学生たちから贈られた色紙には、「いつまでもやさしい笑顔でいてくださ い」、「お体を大切に仲良く楽しく生活してください」、「元気印で頑張ろう！」などと書かれてありました。また、中学生たちからの色紙には、「普段はおしゃべりする機会がないおじいさん、おばあさんたちと会話ができて、とっても楽しく、短い1日でした。ありがとうございました」、「おはぎ作りが楽しかったです。今回はとても良い体験をたくさんさせていただき、ありがとうございました」などと記載されていました。ご利用者の方々も、子どもたちとの交流はとても楽しいようです。

施設が、地域の福祉の中核センターとしての役割を期待されていることもあり、社会や地域に対して風通しのよいことが今後ますます大切になっていくと思います。

高齢化社会が進む中、地域で支えるということが、これからもっと大切になると思います。ご近所や隣組などの協力が大事になってくるわけです。ただ、それを十分に機能させるには、皆が同じ意識を持つことが重要になります。つまり、地域社会の中でも、必要な情報は情報として流してあげる必要はありますが、それ以外のことについてはなるべく秘密として守ってあげるということを、皆が認識していただけるようになると素晴らしいと思います。私ども専門家が、介護の中でとても大切に考えていることの一つが、この相手の秘密を守ってあげるということなのです。

子をかばい続ける親心

介護の現場に携わる人間として、家族による要介護老人に対する虐待の問題をずっと懸念して参りました。

10年以上前になりますが、私が特別養護老人ホームを開設させていただいた頃、年金の支給すら受けていないお年寄りも入居されていました。その方々には、介護保険の導入前は、施設に対して自治体から運営費が供与されていましたから、そのお金の中から、当時1ヶ月に1～2万円程度を、自由に利用できるお小遣いとして支給させていただいていました。ところがあろうことか、そのお金を当てにして、母親に会いに来る、40～50歳ぐらいの息子さんがいたのです。定職はなかったようでした。

ある時、その母親の財布には５００円～１０００円しか残っていなかったので、母親が拒否したのでしょう。そのため、暴力をふるわれて、なけなしのお金を持っていかれたようでした。その顔面には、明らかな外傷がありましたが、その方は、何をお聞きしても、息子さんのことはいいませんでした。ただ、「何でもありません」、「申し訳ありません」の一点張りで、治療させていただきながら、それ以上うかがうことはできませんでした。

親のお金を当てにするということでいえば、わずかな遺産相続のためであっても、契約書を書かせたり、印鑑を押させたりするために、いろいろいってくるご家族もいました。

介護保険の導入前は、財産の管理をまかされることも多かったので、そういう時は、ご利用者本位に考え、対応したものでした。しかし、介護保険の導入後は、施設とご利用者は契約関係になりますので、こうした財産管理などは必要なくなりました。そのため、お金がらみの軋轢《あつれき》が、少なからず虐待につながるのではないかと不安に思っています。

また、介護保険の導入前は、デイサービスでの食事・入浴費は送迎付きで1回500円でしたが、導入後は1回1500円前後となりました。そこで、これまで月に3回利用されていた高齢者に対し、「これからは、月に1回でいいわね」と申し渡したご家族がいました。要介護に対する意識が、お金を基準にして計られることも、虐待につながるのではないかと非常に心配です。

虐待は、介護の肉体的、精神的つらさから来るだけでなく、教育や宗教観、政治にまでつながる奥の深い問題といえます。もちろん根本的な改善も大切ですが、虐待への気づき、対応などを、現場の専門家にまかせてもらえるような制度も実施していただけると良いのではないだろうかと思います。とはいえ、個人の自由を侵害しない程度というのがどこなのかわからないことを考えると、いまの日本では、さらに難しいことなのかも知れませんが……。

ご利用者の要望は１００％聞き入れる

私の施設では、ご利用者に気持ちよく過ごしていただくことを最大の目標としており、ご利用者の要望は１００％聞き入れるようにしています。もちろん、事と次第によっては、要望に応えるのが難しい場合もありますが、それでも、実現するためにべストを尽くし、できるところまでは頑張るようにしています。最初から、「無理ですね」、「我慢してください」といった拒否をするようなことはしないように気をつけています。

何であれ100％受け入れてもらえるという安心感があってこそ、ご利用者も自由にいいたいことがいえる土壌ができるでしょうし、気持ちよく暮らせると思っています。

要望や不満などに対し、個々に応じるだけでなく、特別養護老人ホームでは、月1回、ご利用者と職員の話し合いの場を設けています。また、言葉で伝えるのが苦手な人のためには、〝目安箱〟を設置し、そこに投函するようにしてもらっています。

例えば、「○○さんと一緒に食事がしたくない」といった申し出があれば、食堂の席の配置を変えて、見えないように工夫しますし、部屋変えの要望があれば、即、応じるようにしています。

一方、介護老人保健施設では、一時的な入所となりますから、ご利用者全員で話し合うということはありませんが、要望や不満などについては、個別に対応するようにしています。

さらに、医師、療法士、相談員、栄養士、介護職員、事務職員などが一同に会し、一人一人のご利用者について、ケアプランに基づき、問題点を改善すべく話し合いを行なっています。

買い物や食事についても、うなぎが食べたい、ラーメンが食べたいといった希望がある場合も、自己負担にはなりますが、職員が付き添って出掛けて行ったり、出前をとることもあります。

人生の先輩であるご利用者の気持ちをまるごと受け入れたい、それが私の切なる願いであり、職員も同じ願いを持って、それに一生懸命応えてくれています。

「幸せ」って、何だろう……

人との関わりが大切な社会の中にあっても、仕事のほとんどは普通、直接対応した人との間だけで完結できることが多いように思います。しかし、医療・福祉関係の仕事のなかには、「死」の危険度などを告知する際は、直接診た本人だけでなく、そのご家族や知人、関係者に至るまで、望むと望まないとにかかわらず、関係を持たなくてはならないことがあるのです。

癌の告知の問題（特に完治の見込みが極めて低い場合など）は、その人間の置かれている立場・国・意識・思想・宗教・倫理観の違いによって、微妙でありながら深い意味の違いを感じずにはいられません。価値観の違いという言葉で表現するには、不十分である感さえします。とはいえ、家族や友人がいることにより、いろいろな意見が出るだけでも、「幸せ」なことなのかも知れません。

さて、死期を目前にした場合、その受け止め方に、身体や脳に障害がある場合とない場合でもそれぞれ違いがあり、本人とその周辺の人々との間にもさらに違いがあり、さまざまなドラマが生まれることになります。最近、家族や他人との関わりの少ない2人の人間の人生を通して、「幸せ」って何だろうと、考えてみる機会がありました。

A夫さんは、明治の後半に普通の家庭に生まれ、日本の歴史とともに生きて来ました。当時のことですから、たぶんお見合いでしょうか？　結婚して子どもも2人生まれ、一生懸命家庭を支えてきたようです。いまや、ゆうに90歳を超えている長命であり、妻に先立たれ、東京に別居していた娘も先に亡くなり、連絡をとれる近しい身寄りもないまま、健康であったはずの体も老衰のため、弱くなってきていました。しかし、日常生活はすべて自分でまかない、コタツと炊飯器のみの電気製品の中、電話もストーブもない家で非常につつましく過ごしていました。

一方、Ｂ子さんは、やはり明治の後半に、ある島で生まれ、都会に憧れて出てきたといいます。生活が貧しかったせいもあるのか、伴侶にも恵まれなかったのか、何人もの男性との間に、10人以上の子どもをもうけ、懸命に生きて、生きて……。しかしながら、脳血管障害と老衰が重なり、独居となったため、縁があって、私の運営させていただいている特別養護老人ホーム『清松園』に来られました。

私は、この方の終末期に関わらせていただいて、「ここに来て、本当によかった」と、とても感謝をしていただきました。でも、きっと、生存しているはずのどこかにいるかわからない子どもたちに会いたいのではないか、と考えてしまいました。それで、手を尽くして調べましたが、結局、一人以外は居場所もわからず、その連絡のついた一人には再会を拒否されたため、最期の旅立ちのお見送りは、私たち他人だけでさせていただいたのです。

A夫さんは、ご近所の方々のご好意を受け付けず、どうしても自宅にいたいと思っていましたが、体の状態の悪化もあり、医者にかかり、少しだけという約束でショートステイを体験することになりました。

「幸せ」って何だろう……と時々、ふっと考えてしまいます。

私は、「幸せ」はいつも必ず新しく作り出せるものであると信じています。そして、人生の終末に幸せかどうかがわかるのではなく、いつも一瞬一瞬に、ささやかな「幸せ」をつなげていけることを「幸せ」と考えてみました。

生きるということ

普段から元気な方は特に、生きていることに何の疑問を持たず、食事を摂ることも、呼吸をすることも、当たり前だと思って毎日を過ごされていると思います。

先日、若者のトーク番組を見ていると、筋ジストロフィーで呼吸すら機械に頼っている青年が、車椅子で呼吸器を付けたまま出演し、排他的になっている若者や、自殺願望者、何をしていてもつまらないなどと発言している人たちに対し、

「生きてください」と……。

「何をすべきか、これから40年、50年の長い人生を皆は持っているのだから、きっと見つかりますから、ゆっくり探してください」と、話していました。

本人は筋ジストロフィーの中でも、進行の早いタイプの病型のため、あと何ヶ月か、あるいは1～2年の命であることを知っていて、だんだん動かなくなっていく指や、苦しくなっていく呼吸を毎日の生活の中で感じ、何かを残したいと、母親の力をかりて本を執筆していました。……人生の証しのために……。

ちょうど17～18年前に、まったく同じ病型の青年と話をする機会がありました。その青年は、私の受け持ちの患者さんの隣のベッドに入院していました。当時、まだ何とか自力で車椅子に乗って動くことができていました。私が回診で病室に行くと、たいてい隣のベッドから話し掛けてくれ、天気のことや野球のこと、その日のニュース

などを話していました。

ある日、お昼を食べる時間がなく、3時頃少し時間があいたので病院の売店に行こうと、エレベーターを待っていると、後ろの方から、

「先生、どこへ行くの？　売店？　太っちゃうよ！」と、声が聞こえてきました。

「僕も本でも買おうと思ったんだ」という彼と一緒にエレベーターに乗り、はじめて2人だけで話をしたのです。

エレベーターを降りると、

「先生、たまには車椅子を押してよ」

「それじゃ、今日だけね」といって歩いていると、

「先生、俺このまま死にたくないよ。女の子とデートしたいよ。お金を払ってでもいいから、そういう仕事の人でもいいから、知っていたら教えてよ」

「………何、いっているの………わかった。もし、そういう人がいたら聞いてみてあげる」

自分に時間がないことも、そんなチャンスのないことも、どうしようもないことも、

すべてを知っている彼に、どんな励ましも無意味であることがわかっていたので、そう答えながら、残された時間に何とか素敵な経験をさせてあげたいなと、願わずにはいられませんでした。

テレビ出演していた青年は、死を受け入れる用意があるという内容の発言をしていました。彼が強い人なのかどうかはわかりません。しかし、彼の話を聞いていた私は、健康であることへの感謝と感動を改めて強く感じないではいられませんでした。生きていることは、それぞれに与えられた苦しみや悲しみ、また喜びがあるのでしょうが……。

２００１年9月に米国・ニューヨークで起こった痛ましいテロにより、何千人という人の尊い生命が奪われてしまいました。宗教などの強い信念に基づいた戦いほど、残酷なものです。

人間はなかなか歴史に学べないものですが、大きな憤りの念を禁じえないことも、また感情を持った人間として当たり前のことなのでしょうか……。

多くの犠牲者の方々のご冥福をお祈り申しあげます。

……… 合掌 ………。

「やぶ医者」と「名医」は紙一重

9年前にさかのぼる話になりますが、当時80歳になられるお坊様が、脳血管障害で後遺症を持たれ、介護老人福祉施設に入所してこられました。私がはじめて診察させていただいていると、私の顔をまじまじと見つめながら、

「あんたは名医かい？　やぶかい？」と、私にたずねられました。

「……さあ、どっちでしょう。考えたこともなかったですからね」

「あんた、どうしたら名医になれると思いますかね？」

「自分ではわからないですが……。できれば名医になりたいので、私が名医だという証明に、あと30年元気でいてくださいますか？」

「そりゃ、困ったね……。こんなになっちゃったし……。それじゃ、あんたのために、あと30年死ねないじゃないか……ワッハッハ………」

そうおっしゃっていたお坊様は、この9年の間に何度か生死をさまよいながら……そのたびに三途の川を渡らずに元気になってくださっています。でも、だいぶ老衰も進み、意識のはっきりしない日も多くなってきました。愚痴もいえなくなりました。医者というものは結構、孤独な仕事で、時々、愚痴をいいたくなることがあります。お坊様は、私の愚痴をよく聞いてくださっていました。

いつになくお元気な昼下がり、本当に久しぶりに診察させていただくことにしました。私は、他の施設の開設の準備に追われ、ボランティアでの医者の仕事は休みがちな日々が続いていたのです。お坊様は、ちょうどラジオをイヤホンで聞かれている最中でした。

「お久しぶりです。覚えていてくださってますか？」

「もちろんですよ。あたしゃね、女の人のことは、絶対に忘れませんよ。この頃、男の先生ばかりだったけど、その先生たちは忘れたね……。それにね、あと20年頑張らないと、先生が名医になれないじゃないか……」

私は絶句してしまい、なかなか言葉が出ませんでした。

「あんまり無理しなさんなよ」と、お坊様がいってくれました。

確かにこのところ、忙しかった……。

なかなか医者もすてたもんじゃないと思いました。

それにつけても、医者を職業とするからには、知識や技術はあるレベル以上にあることは当然として、いつの頃からか、「やぶ医者」と「名医」は紙一重と考えるようになりました。

例えば、きわめて高圧的な態度の医者がいたとします。その医者に対し、患者さんが、「何と頼りがいがあるのでしょう」と称えるか、あるいは、「怖くて、かえって血圧が上がっちゃうわ」と萎縮するかで、やぶか名医かが違ってくるということです。

医者に全幅の信頼を寄せる患者さんは、医者から断定的に「大丈夫です」といわれるだけで、症状が改善されてしまうことも珍しくないのです。片や、医者にプレッシャーを感じる患者さんは、血圧が高くなかったにもかかわらず、診察中に本当に血圧が上がってしまうことがあるのです。患者さんにとって、信頼感が持てる医者は名医であり、逆に、苦手意識を抱く医者はやぶ医者ということになるのではないでしょうか。

医者のサイドからいえば、患者さんの感受性や性格などを考慮して、接し方を変えるぐらいの気働きをしてはじめて、名医といえるのかも知れません。

元気の素

「高齢とは年をとり、第一線を退いて、人生を静かに観望する状態にあること」と、ある国語辞典に書かれていました。年齢は特に限定されていませんでした。ですから、平均寿命が延びて、健康で仕事を続けている年配者もだいぶ増えてきていますが、仕事をしている人はまだ高齢とはいわなくてもよいのかも知れません。

さて、なぜ元気な人とそうでない人がいるのでしょうか。

生活習慣病（[注１]参照）などで、病気を持っているということで元気をなくしている方や、脳血管障害や事故などで身体が不自由になられたことで元気をなくしている方。しかし、そのような状態にあっても、元気でいる方もいらっしゃいます。

高齢になって、元気がなくなってくる原因は、「自分は、もう社会や家庭で必要とされていないのではないだろうか」と考えてしまったことである場合が意外に多いようです。さらに、自分が生きてきた人生観と現実の生活の中で直面することとのギャップ、また自分は変わっていないつもりでも、周囲の人たちの見る目の変化、以前と同じようには仕事ができなくなっていくことへの不安、などが挙げられるような気がします。

だからこそ、浮き世の流れに身をまかせ、いま在る自分を客観的に見ることができるような習慣を身につけ、楽観的に社会や家庭について考えることも、やる気や気力を養い、元気を喚起できる素になるのかも知れません。

一生をかけて趣味や仕事をまっとうする場合も、あるいは、無趣味の方でも、人とできるだけ接する機会をもうけるなどして、すべて楽しく行なうことが大切です。

要するに、すべてを楽しめるように意識を変えられることが〝元気の素〟……でしょうか。

［注1］　生活習慣病とは、毎日の生活の中の「食事の習慣」や「運動の習慣」、「喫煙、飲酒などの習慣」が、発病や進行に関係していると考えられる病気のことであり、過去には成人病という分類にあった。
近年においては、生活習慣(もちろん、食事の嗜好等の遺伝的要因も否定できない)、特に食習慣に関係する糖尿病(インスリン非依存型)、高血圧症、高脂血症、痛風などが、国民の慢性疾患の大半を占めるようになったことや、その低年齢化も問題になっており、その予防もかんがみ、1996年度に厚生省（現・厚生労働省）より提唱された疾患群のことである。

方言と思い込み

誰でも、はじめての人とコミュニケーションをとるには、言葉は大事な媒体になるわけですが、ここに方言が入ってくるととんでもない混乱を招くことがあります。

私が診察室に座っていると、名前を呼ばれた高齢の患者さんが「あーこわい、こわい……」といいながら入ってきました。

私はびっくりして、「廊下に何かいましたか?」と聞くと、患者さんはあっけにとられて、「廊下には何もいなかったよ」というのです。

すかさず、隣の部屋にいたベテランの看護師が、「先生、〝こわい〟というのは、お化けとか、怖いものじゃなくて、〝疲れた〟とか、〝たいぎ〟とかいう意味ですよ」と教えてくれました。なるほどと思いました。

実は、こういう話は結構あるのです。

最近では、アレルギー性鼻炎（花粉症）を起こして来院した患者さんに、

「家の近くに、ブタクサなどがありますか?」と聞くと、

「じっかに生えてます」と答えました。

「実家へはよく帰るのですか?」

「遠いのであまり帰りませんが?…?…?………」

「それでは、実家に帰ると症状はひどくなりますか?」

「?…?…?………いいえ」

今度も、前出の看護師が教えてくれました。〝じっか〟というのは〝実家〟ではなく、〝密集して〟というような意味があるのだそうです。ですから、実家に草が生えていたわけではなかったのです。

また、こんな話を聞いたこともあります。息子夫婦が東京から遊びにきて、家族と食事をした後、姑がお嫁さんに、

「後は、食器をひやしておけばいいから、早くお風呂に入ったらどうだい」といって、部屋を出ていったのだそうです。

嫁は不思議でなりませんでしたが、いわれた通り、食べ終わった食器を全部、冷蔵庫に入れ、お風呂に入ったのです。確かに、食器は〝ひえた〟でしょうが、お姑さんがいったのは、水に〝ひたしておく〟という意味だったのです。

腰痛で来院した患者さんに、座薬を出したところ、正座して飲んだという話も聞いたことがあります。

私自身、父の勉強の都合で、小学校の高学年になってから東京から栃木県岩舟町に転校してきた時、クラスメイトは皆、あたたかく迎えてくれたのですが、

「ここにすわらっせ」などと声を掛けられても、言葉がわからず黙っていると、「おめえ、聞けねんか?」といわれる始末でした。

はじめての場所で動揺もあり、「おめえ、聞けねんか?」といわれたことすら意味が分からないで、ニコニコしているものですから、知的障害者であるかのような扱いを受けたこともありました。

いま思えば、笑い話ですが、その時々、言葉の意味を理解するまでの間が、驚きを伴う新鮮な空間でもあったのです。

医療現場では、言葉の聞き違いや思い込みはしてはいけない、あってはならないことですが、日常生活の中では、それが潤滑油になっていたりすることもあります。

人も自分も、楽しくなるような思い込み、誰を見ても良い人に見えてしまうような「思い込み人生」なら、これもまた、いいものではないでしょうか。

最期まで安心を。終身介護

ご利用者の多くは、愛情に満ちたご家族をお持ちでしたが、まったく面会に来られない方、事務的な用事などで施設に来られても面会されないで帰られる方など、それぞれのご家庭の、それぞれの家族の関わり方を、側面から見させていただいてきました。

顔を見せずに帰ってしまう子どもに対しても、職員に向かって、「性根はやさしい子なんです」というのが親なんです。

中には、例えば、ガンの末期の方や、老衰の方もおられまして、夜中の2時頃に、本当に危ない状態になられた場合に連絡をしても、実の娘でありながら、「寒いから行けない」、「夜中だから行けない」といいます。朝になって連絡をしますと、「もう少し経ったら」という返事でした。何日も前からお伝えしているにもかかわらず、結局、間に合わず、１日ぐらい経ってから来られて、「骨にしてくれれば持ち帰るけれども、遺体はいらない。通帳などの使えるものは持ち帰る」とおっしゃる方もいて、現実の凄さにショックを受けたこともありました。

どんな親でも子でも、関係が悪くなるのは、本人たちの責任もありますが、最終的には、親は子に会いたいと思うものです。難しい問題ですが、なかなかそれを受け入れられないご家族がいるということもわかりました。まさに、この仕事をやらせていただいてはじめてわかったことでした。

第1章で紹介させていただいた我が家の同居人だったトンちゃんは最期、特別養護老人ホーム『清松園』に入所し、他のご利用者と同じように心のこもった介護を受け、90歳を過ぎて亡くなったと述べました。

トンちゃんには実は、音信不通ではありましたが、3人の子どもがいることがわかっていました。こういう場合ですから、ご家族を一生懸命に探したところ、お孫さんが見つかったのですが、「いまさら、連絡いただいても……すでに亡くなっていたことにしてほしい」といって、関わりを拒否なさいました。

そこで、施設の側で、お葬式と納骨をさせていただきました。

法人として、私の家の菩提寺にお願いして、身寄りのない人などのために、供養塔をつくらせていただいています。宗教や宗派の違いに関係なく埋葬できるように、お墓ではなく供養塔を建立し、俗名を刻ませてもらいます。ご利用者の希望により、戒名を持たれた場合は、俗名の下にカッコ付きで付記させていただいています。

霊界があるとするなら、宗教や宗派の違いはあっても、行く先は同じでしょうから、神様は怒らないだろうと思い、こういうカタチを採らせていただきました。

お葬式についていえば、身寄りのないご利用者の場合は、施設内の一室に安置し、お坊さんに来ていただき、お経を上げてもらうとともに、お焼香をし、お見送りをさせていただきます。仏教以外の宗教の方に対しては、お見送り会に換えさせていただきます。

ご利用者の参列の有無は、お仲間の死を受け入れられる人と受け入れられない人がいらっしゃるので、その点をよく見極めるようにしています。受け入れるのが難しいご利用者の場合は、様子をうかがいながら頃合いを見計らい、お知らせすることになります。

なお、身寄りのあるご利用者の場合、病院で亡くなられた方については、ご家族の希望によりますが、そのままご自宅にご帰還しお葬式ということにし、末期ガンや老衰などで最期を施設内の特別室で迎えられた方については、身を清めて身づくろいし、お線香を上げて、ご自宅にご帰還いただいています。

もちろん、例外はあります。介護老人保健施設に入所してらして、知的障害のあるご利用者でしたが、脳梗塞で亡くなったため、ご家族にお知らせしたところ、「昔、出て行った人で、うちの家族ではない」といって、取り付くしまもありませんでした。そのため、例外的に、養護老人ホームの入所待ちだったこともあり、近くのメモリアルホールでお葬式をとり行ない、当法人の供養塔に埋葬させていただいたこともありました。

どういう境遇にあるにしろ、施設のご利用者にとって、最期を迎えた時にお葬式や納骨先の心配のないことは、大きな安心を覚えてもらえるでしょうし、施設としてもきちんと対応しなければならないことだと思っています。

ご家族からのお手紙

ご利用者のご家族から、折りにつけ、お手紙をいただくことがあります。職員共々、感謝するとともに、より一層頑張らねばと励みにもなっています。何通か、ご紹介させていただきます。なお、お名前は控えさせていただきました。

◎拝啓　秋涼の候いかがお過ごしでしょうか。この度は安純の里退所時の写真をお送りいただきありがとうございました。母○子入所中は大変お世話になり、もっと早くお礼の手紙を書かなければと思っていたのですが、いろいろな出来事があり、大変遅れてしまいました。入所直後は車椅子に乗っていても姿勢の保持が難しい状態で、また体重もかなり減少しており、とても心配しておりました。職員の皆様方の親身な介護とリハビリのお陰で次第に体力も回復し、面会に行く度に母が元気になっていく様子が良くわかり、とてもありがたく思っておりました。

母が職員の方に付き添われて歩いて来た時には、何か信じられない思いでした。職員の方がリハビリに情熱を傾け、また母もリハビリを良くがんばったので、ここまで回復できたのではないかと頭が下がる思いでした。母が他施設に転院して、早いもので既に1ヶ月以上が経過しました。入所直後は、やはり環境が急激に変わったせいか、いろいろと問題もありましたが、今ではだいぶ施設での生活に慣れてきたようで、同室の人とも交流ができるようになり、いくらか安心しております。

お風呂も入所直後は座浴でしたが、今では普通のお風呂に入っております。食欲も大変あり、お腹が空いて食事の時間が待ち遠しいと笑っていました。習字を時々やっているようで作品が飾ってありました。十月二日は母の八十歳の誕生日でしたので、私たち兄弟全員で面会に行ってきました。大勢でよく来てくれたと、とても喜んでくれました。言葉もとてもはっきりしてきましたし、自分から話し掛けてくるまでになりました。これもひとえに安純の里での心のこもった職員の皆様方の介護、リハビリの礎があればこそ、ここまで回復できたものと感謝の言葉もありません。

約5ヶ月の安純の里での母の生活は、母にとっても私たち子どもたちにとっても、とても有意義な日々であったと思っております。職員の皆様方におかれましては毎日が大変かと思いますが、体に気を付けてお過ごしください。

まずは、右御礼まで。

敬具

◎拝啓　つい先日まで夏のような暑さが続いておりましたが、ここ数日は急にお寒くなってまいりました。

先生におかれましてはご健勝にお過ごしと存じます。

母がお世話になりましてから、早くも八ヶ月が経ちます。母がそちらに入所する際は、折しも体調が悪化し、私たちはお世話いただけるものかと不安でした。

ところが、先生は私たちを呼ばれ、笑顔を交えながら暖かいお言葉で快く迎えてくださいました。本当に感謝しております。あの時のことは今でも忘れることができません。ありがとうございました。

短い間でしたが、母も心からのご介護を受けながら最期の日を迎えました。真夜中にもかかわらず、当直の先生や看護婦さん方の心のこもったご対応をいただきました、感謝の気持ちで一杯です。

そして、この度は父がお世話いただくことになりました。七年前から両親と同居してまいりましたが、長年病にありました母が二月に亡くなり、次いで父もほぼ寝たきりの状態になりました。

これまで私も精一杯努めてまいりましたが、心身共に疲れ、体調を崩しております。そのような事情もありまして、お世話いただくことになりましたが、父が、皆様の中で少しでも楽しみと意欲を持って過ごして欲しいと願っております。

どうぞよろしくお願い申しあげます。

乱文乱筆にてお許しください。

かしこ

◎さくらの里様　この度は、スタッフの皆々様には大変お世話になりました。

緑に囲まれた素晴らしい環境の中で、またさくらの咲く頃はきれいでしょうね、お年寄りの方々も心なごむような気がいたします。広々としたフロアで皆々様がゆったりとくつろいでいる様子にも、明るい気持ちになりました。

その後、本人も穏やかに、毎日を過ごしています。

家庭の事情で三回短期入所のお世話になり、その結果、入所のたびに自分に自信が持てるようになりました。

寝たきりでおむつだったのが、自分でポータブルで用が足せるようになったこと、車椅子の使い方なども指導していただき、家庭での介護が大変に楽になりました。

リハビリ体操、リクレーション、特に印象に残っているのは流しソーメン祭で、楽しかったようです。子どもたちによる剣舞の素晴らしかったこと。

お部屋の障子の仕切りが暖かみがあって、落ち着くようです。お世話になりました。

第4章

すべては、利用者のために。介護の心得いろいろ

すべての職員にお願いしています

介護というと、高齢者と即、結びつけやすいですが、人間というのはいってみれば、動物の中で唯一、介護から始まる生き物なのです。生まれて数時間、数日以内に母親のおっぱいまで自力で動いて行けないのは人間だけで、他の動物はそれができなければ死んでしまいます。ですから、ついつい忘れがちですが、人間は介護から始まって人生を過ごすわけです。ですから、介護は誰にとっても無縁ではないのです。

そして、死の始末ができないのも人間だけです。その中で、介護というのは本当に人間に即したものになっていくべきだと思いますが、そこで一番大切なのは人間愛でしょう。人間愛とは、愛情と信頼に他なりません。

私の運営する施設では、その人間愛をどうやってご利用者に伝えるか、どうすればご利用者が気持ちのいい時間を過ごせるか、それを考えてほしいとすべての職員にお願いしています。日々、福祉とは何なのか、人の人生とは何なのか、人の生命とは何なのか、そこまで深く考えてほしいと思っています。ありがたいことに、職員は私の期待以上に皆、とても頑張ってくれています。

なお、ここでしっかり胸に留めておかなければならないことは、医療・保健・福祉は、奉仕の心やボランティア精神が必要な仕事ではありますが、仕事はボランティアではありませんから、「善意の押しつけ」ではいけないということです。医療や福祉を利用される方と提供する人は、常に同じレベルにいることが最も大切であり、両者が同じレベルに立った時からが医療であり、福祉ではないかと思います。

つまり、医療や福祉を提供する人にとっては、「してあげる医療」や「してあげる福祉」といった考えはもってのほかで、愛情と信頼をベースに、「させてもらう医療」や「させてもらう福祉」という意識を持つことが重要ということです。

本当に困ってつらい思いをされている方がいらっしゃるのですから、その人のつらさをどこまで理解できるかが、この仕事をする上で最も大事なことではないでしょうか。

その上で、介護する側とされる側の意見の一致を見出すように心掛けるとともに、高齢者の方にも積極的に生きる勇気と楽しさを伝えることが非常に大切といえます。難しいとは思いますが、そういう方向づけができるようにしていきたいと、職員たちとも折りに触れて話し合っています。

心からの笑顔を。いつもにっこりニコニコ

ご利用者の日常生活は、食事や入浴、排泄、着替え、移動などの介助によって成り立っています。そうした介助のすべては、ご利用者の側にとっていかに心地良いものか、いかに都合の良いものかという視点に立つことが最優先になります。介護させてもらう側にとって便利であるとか、効率がよいとかといった視点で考えることは、最も避けなければならないことです。

当施設で行なわれている、食事、入浴、排泄などの介助のポイントを紹介してみます。介助に対する心得や気配りが大切なのはいうまでもありませんが、それにも勝るとも劣らず大事なことは、ご利用者に対して、いつも、心からにっこりニコニコ、笑

顔で接することです。笑顔こそ、「思いやりの心」や「いたわりの心」、「人生の先輩方に対する敬愛」をやさしく暖かく伝えるものだからです。

武道の世界には、「気」で倒すという武術もあるぐらいで、「気」は大きなパワーを持ちます。介護や看護をする人はとりわけ、笑顔が秘める「気」の偉力を大いに発揮したいものです。私の施設の職員たちは、私の言葉として、嬉しいことに、「ご利用者に対して、いつもにっこりニコニコ」をいの一番に思い出してくれているようです。

「食事」に対するポイント

食事は朝食8時・昼食12時・夕食6時で、おやつが午前10時と午後3時の2回あります。

食事は一人一人の体調や症状に合わせて、ご飯は「飯」、「軟飯」、「全粥」、「七分粥」、「五分粥」、「三分粥」、「おもゆ」など、そして肉や魚、野菜など副食の刻みは「粗刻み」、「普通の刻み」、「極刻み」などがあります。その他にも、ミキサー食、経管栄養食、高血圧食、貧血食、糖尿病食、腎臓病食、胃潰瘍食などを用意するようにしています。

毎日、朝・昼・夕食のメニューは変わりますし、旬の素材を多用し、竹の子の煎り煮とか、松茸ご飯とか〝初モノ〟も大いに楽しんでいただくようにしています。

食事で重視している点は何といっても、美味しいことです。盛り付けなど見た目も大切にして、食欲をそそるように心掛けています。

見た目ということでは、食器は、陶器が良いのですが、やはり重いので、軽いメラミン製を選んでいます。しかし少しでも家庭的な雰囲気をと考え、有田焼や九谷焼などの絵付けを模した模様入りのものを使用しています。

食事が始まると、調理職員も食堂に出てきて、ご利用者の皆さんに美味しく食べていただけているかどうかをチェックしますし、食べ残しが多ければ、それはまずいためなのか、食べにくいためなのか、原因を追求するようにしています。「美味しい食事」を毎回、提供するためには、こうした日々のチェックは不可欠といえます。

ところで、高齢者は水分不足になりがちなので、おやつの時間やお風呂上がりなどには特に水分補給を心掛けるようにしています。

私たちの体は、成人では60％ぐらいが水分で、赤ちゃんの頃はもっと多く、高齢者

著者が運営する施設でお出ししている食事メニューの例（２点のうち、上の写真はお誕生日食です）

になると減ってきます。そのため、高齢者は脱水を起こしやすく、水分が少ないと血液が濃くなり、やがてドロドロし、固まりやすくなるため、脳梗塞などの原因にもなりかねません。ですから、おやつやお風呂上がりに、牛乳やジュース、ヤクルト、果物（みかんなど）といった水分を摂ってもらうことは非常に大切です。

なお、高齢者になると飲み込む力が弱くなると同時に、のどの奥のふたの働きが衰え、飲み物を飲んだ時に気管に入りそうになって、むせやすくなる心配があります。そこで、飲みくだしやすいポカリスエットゼリーや手作りデザートなどの形でも、水分たっぷりのおやつを出すようにしています。

高齢者には食事面で注意を要することが多々ありますが、それらを十分に考慮した上で、ご利用者の要望などをよく聞いて、食べたいもの、好きなものをできるだけメニューに加えるようにしています。

食べる楽しみは、生きる楽しみに重なるものです。食事の時間が待ち望まれるようでありたいと、厨房のスタッフともども職員一同、料理や食事介助の工夫や勉強を怠らないように努めています。

「入浴」に対するポイント

お風呂は原則的に週2回ですが、3回入りたいという希望があれば、3回入ってもらいます。逆に、これまでお風呂に入る習慣があまりなかった人もいらして、入浴を億劫がる場合もあります。お風呂は2～3年入っていないという方が入所してきた時は、皮膚がカパカパの状態で、そのままこすると表皮まで剥けてしまうので、ワセリンを塗りながら、ていねいに洗うことを繰り返して、数週間をかけてきれいにしていったこともありました。

お風呂の介助にしても、一人一人の違いに留意することが大切なことに変わりはありません。

なお、お風呂の時間は、午前中はデイサービスの方が使われるので、入所されている方は午後ということになります。ご家庭では普通、夕食の後にお風呂というケースが多いと思われるので、それも考えたのですが、ご利用者の皆さんに尋ねたところ、「食事」をするのも結構、疲れるので、その後は一休みにして寝たいという声が多かったもので、温泉気分で午後に入ってもらうことにしました。

浴槽は1人用、3人用、家族用、特殊機械浴槽があります。

1人用の浴槽はなかなか評判で、体重の軽い方などは、体が浮かなくていいといいます。また、便意がはっきりしない方にも、1人用であれば、肛門がゆるんでも、お湯をすぐに変えられるので気楽に使用していただけます。

ご承知の通り、特殊機械浴槽にもいろいろな種類がありますが、チェアーインバスという車椅子ごと入浴できるタイプでは、スイッチの作動一つで、足元からお湯が出てきて十数秒で一杯になり、また、そのお湯が一気に流れ出るしくみになっています。そして、リクライニング式椅子の背を水平に近いところまでリクライニングして寝たままで入ることも、通常の車椅子式の椅子に座ったまま入ることもできます。

ご利用者のほとんどがお風呂を楽しみにしていて、中には、「一番風呂がいい」といって、お風呂の時間のずっと前から並んでいる人もいるぐらいです。

「排泄」に対するポイント

排泄の介助には、トイレ介助、ポータブルトイレ使用、尿器・便器の使用、オムツ使用などの方法があります。

医療・福祉関係の小物や機器はいいものが次々に開発されていますが、ポータブルトイレも、民芸調の木の椅子タイプが発売されていて、私の運営する施設では、これを使用しています。ご利用者のベッドの近くに置いても、普通の洒落た椅子のように見えます。ただし、お尻が小さい方では、お尻が落ちてしまうものもあるので、残念ながら、従来のプラスチック製を使ってもらわなくてはならないこともあります。

排泄の介助は何といっても、ご利用者のプライドを傷つけやすいだけに、そうならないために重々、気を配ることが求められます。

私の施設の介護職員の一人は、「オムツ交換します」と声を掛けることさえ、ご利用者の気持ちを切なくさせるのではないかと問題提起し、皆で、それについていろいろ考えました。「背中を拭かせていただきます」と声掛けして、オムツ交換するのはどうかという意見もありましたが、これだと、背中を拭くといっておきながら、オムツ換えしては、混乱を招くことになるといって却下されました。結局、オムツを見せながら、「始めますね」と声を掛けることで決着しました。

介護の実態をルポした本を読んでいたら、その中に次のような報告がありました。いつも食欲のあった人がほとんど食べなくなったので、病院に連れて行ったところ、病気の心配はないと診断されたそうです。よくよく聞いてみたら、職員から、オムツ交換の際、「こんなにたくさん便をするから、臭いのよ」といわれたとのこと。それがつらくて、食事の量を減らせば、便の量が少なくなると考え、食事を抑えていたというのです。また、オムツ交換の際、お尻を上げてといわれ、もたもたしていると、「何をしているの」と怒られ、お尻を叩かれたという記事を読んだこともあります。

こうした「やってやっている」という意識からくる精神的、肉体的虐待は耐えられないことです。ご利用者にイヤな思いをさせることは本来、あってはならないことです。難しい話ではなく、自分だったら、どう思うか、どうしてほしいかを考えれば、自ずと、答は出てきます。「自分がしてほしいと思うことを、人にせよ」というのは旧約聖書の黄金律ですが、裏を返せば、「自分がしてほしくないと思うことを、人にするなかれ」ということでもあります。

ところで、オムツなどを触らないようにつくられた服に、介護服（上下がつながったつなぎのような服）があります。この介護服は本来、痴呆の人がオムツをいじったり、便をこねたりするのを防ぐためだけに作られたわけではありません。高齢になると、痛みなどを感じにくくなるため、皮膚病や褥瘡《じょくそう》（床ズレ）などがあっても、ひっかいて悪化させてしまう心配があるので、それを防ぐためにも必要な服なのです。

ここで、何が考えられるかといえば、施設長やオーナーが介護や看護に対し、どんな意識を持っているかが重要な意味を持つということです。この介護服一つをとっても、介護職員の仕事を少しでも効率よく、面倒がないようにと考える人か、ご利用者のためを第一に考える人かで、使い方が違ってくるのです。

繰り返しますが、介護や看護の目指す方向はただ一つ、「すべては、ご利用者のために」であるべきだと確信しています。

「見極める力」を身につける

看護・介護の施設の職員として、自分の立場を見極めることは非常に大切です。ご利用者に対しても、職員同士でも、その時、その場に応じて、自分が立ち入っていいものかどうかを見極める力を身につけたいものです。

それには客観的な視点を持つことが肝心であり、いい換えれば、自分の価値観を押しつけないことが大事ということです。

例えば、ご利用者に対してはあくまでもご利用者の立場に立ち、自分の考えを押しつけるのではなく、ご利用者の思いを謙虚に受け止めるようにすべきだということです。ご利用者の気持ちを傷つけたり、不安にしたり、混乱させたりすることが絶対にあってはならないのです。

この話をする時、いつも思い出すのは、ある勉強会に参加した際、講師の先生が、「多くの人が〝自分の正義〟を主張すれば、平和はない」といわれたことです。

職員同士にしても、自分の意見を持つと同時に、他の人の意見に対して聞く耳を持ち、その上でお互いに歩み寄れる点を見出していく姿勢が大切ということです。また、職員同士、年齢に関係なく、お互いに尊重し合うことも非常に大切です。学校を卒業して間もない若い職員でも、学問的裏付けを持って介護に当たっていることは素晴らしいことです。ご利用者を車椅子に移乗させるのにも、マヒのある側の関節を引っ張らないように注意して介助することが大切だからです。単に職員がやりやすい方法で介助すると、脱臼や痛みの原因になることもあるため、理論をわかって介護することがご利用者にとってよりよい介助であるといえます。

自分の立場を見極めるということでは、職員が「守秘義務」を徹底させることも非常に重要といえます。

ご利用者にとって、職員はどんなことでも聞いてくれるし、しかもそれを他人に話すことはないという信頼感の持てる存在であらねばならないわけです。痴呆の方でなくても、高齢になると、妄想で発言することも無きにしもあらずですし、また、勘違いや誤解は多々あることです。ご利用者から聞いた話は、家族にも話さない、ともかく口外しないことというのを厳守しなければなりません。

職員は、ご利用者に対して、平等・公平でなければなりません。ご利用者と長い付き合いになったり、気持ちが通い合うようになると、情が移ることもあるでしょうが、周囲から〝えこひいき〟と取られるような態度を見せては職員失格です。もちろん、個人では、プレゼントをあげるのも、もらうのも止めた方がいいというのが、私の考えです。

ご利用者の中には身内のいない方もいらっしゃるわけで、そうした人に引け目を感じさせるような状況をつくらないことも、私たちの責任だと思います。

平等・公平にということは、区別することはあっても、差別することがあってはならないということでもあります。

つまり、意識がなく寝たきりの方と、意識のある方では生活パターンが違いますから、居室を分けるのは〝区別〟ということになります。一方、意識のない方はわからないから言葉掛けをしない、意識のある方はわかるから言葉掛けをするというのは〝差別〟ということになります。意識のない方も、ある方も、同じくご利用者であり、今日というかけがいのない日をともに生きている点では変わりはないのですから。

そして、意識がなく寝たきりの方にも、「今日は、よく晴れましたね」、「若葉の匂いがお部屋いっぱいに広がっていますね」、「窓辺に小鳥が遊びに来てましたよ」などと声が掛けられるようであってこそ、プロの介護職員といえるでしょう。一人一人の介護職員に、自分がプロであるかどうか見極める力も持ってほしいと思っています。

「順応する技」を身につける

すべての施設職員には、前述の自分の立場を「見極める力」を持った上で、さらに「順応する技」を身につけることが求められます。

つまり、「順応する技」とは具体的にいうと、「ご利用者の気持ちを理解する」、「流されない」、「惑わされない、気にしない」といった〝技（スキル）〟を意味します。

ご利用者の気持ちを理解する

看護・介護職員は日々、ご利用者と接する中で、ご利用者の気持ちを敏感に察する技に磨きをかけることが大切です。それには、ご利用者がいま、〝恥ずかしいと思っているのだろうか〟、〝イヤだと思っているだろうか〟、〝不安を持っているのだろうか〟というように、その胸のうちを察することに心を配ることで、ご利用者の気持ちがいろいろ見えてくるはずです。

ご利用者も介護職員もお互いに、感情を持つ、生身の人間です。ですから、介助に当たって、ご利用者の気持ちを推し測りながら進めることが肝心で、例えば、便をもらしていても、〝恥ずかしく思っている〟と察することができれば、「大丈夫ですよ。出た方がいいんで、よかったですね」と声を掛けられるでしょう。そのひと言があれば、ご利用者の気持ちもグンと楽になるというものです。

また、ご利用者と話をする時も、〝いえないでいる言葉〟を察する一方、〝いっている言葉〟も本心でない場合があるので、それも察するようにすることが大事です。

親は大概の場合、子どものことを悪くいわないものですから、息子さんが再三お金の無心にきているようなので、それとなく困っていることはないかと質問を向けても、「何もありません」と本心とは違う答をすることもあるのです。

介護職員にはとりわけ、ご利用者の本当の気持ちに順応する技を身につけてほしいと思います。

流されない

介護・看護職員は、ご利用者の言動に流されない技を持つことも大事です。職員にとって、〝おしゃべり〟も仕事のうちであることをしっかり自覚し、気分に流されないことを心掛けなければなりません。

高齢になると被害妄想を起こしやすくなるということもあり、ご利用者とおしゃべりをしている際、お嫁さんの悪口などを聞かされることがしばしばあります。こうした時、その勢いに流されて、「まぁ、ひどいですね」などと相づちを打つのはプロの仕事ではなく、「あ〜、そうですか」と受け止めるだけに留めるべきです。ベテランの職員であれば、人生の機微をそれなりに知る者として、「ご苦労されましたね」、「大変でしたね」と言葉を掛けるのもいいでしょうが、この場合も、ご利用者の立場を察するに留め、お嫁さんとの間柄に関するコメントは控えるべきです。ご利用者は話を聞いてもらうだけで十分に落ち着きますし、満足してくれるものです。

なお、こうした悪口や苦情を含め、ご利用者とのおしゃべりの内容は必要がない限り、他言は無用で、ご家族にも漏らしていけないのは、当然のことです。

惑わされない、気にしない

施設ではたくさんの人が集まって生活したり、リハビリに励んでいるわけで、介護職員の耳にも、「あの人、こんなことをいってましたよ」といったことが伝わることも少なくないでしょう。そうした伝聞は良い話にしろ、悪い話にしろ、聞き流して、惑わされないことです。誉められたとしても有頂天にならず、当たり前のことと受け止め、逆にけなされたとしても、「私に問題があったのかしら」などと必要以上に考え込まず、反省は充分しても後悔しないことが、いつもにっこりニコニコして介護に取り組む秘訣といえます。

自分の悪口をいっている人や相性の悪い人、苦手な人との関係を改善させたいと悩んでいる人がいると、私がいつも勧めていることがあります。

その相手の良いところを一つ、何とか探して、その相手のいないところで、「あの人って、こういうところが素晴らしいよね」と話すようにしてみてください。

〝人の口に戸は立てられない〟といわれるように、回り回って、「あの人が、あなたのことを誉めてたわよ」と相手の耳に届くはずです。誉められて悪い気のする人はいませんし、また、あなた自身、相手の良いところを見出したことで、それがいつしか信じられるようになってくるかも知れません。かくして、お互いの間にあった険悪な雰囲気が自然に消滅すると良いのですが……。

なお、「やってもらったことは忘れ」、「やってあげたことは忘れない」とよくいわれます。これを逆転させて、「やってあげたことは忘れ」、「やってもらったことは忘れない」ようにすれば、素晴らしいチームワークが築けること請け合いです。

「ひやり」と「はっと」は全員で共有

施設は、大切な人の命を預かっているのですから、事故は許されません。しかし、どんなに注意しても、統計学的には3〜7％のミスが発生すると報告されています。それだけに、当施設では事故を未然に防ぐために、日々の介護の中で「ひやり」としたこと、「はっと」したことを隠さず、繕わず、第三者の目で客観的にとらえてありのままを報告し、それを全員で共有するようにしています。

つまり、どこまできちんとできていたのかを検証し、どこに問題があったかを明確にして、注意を促すようにします。これを確実に繰り返すことによって、ミスを防ぐことができるのだと思います。

「ひやり」や「はっと」は、〝個人〟のレベルで解決することではなく、〝公〟の意識を持って対応すべきであることを、一人一人の職員がいつでもしっかり認識しておく必要があるということです。

要するに、自分のミスは、全職員のミスです。「悪いことをした」とか、「恥ずかしい」とかいった気持ちはプライベートなことで、仕事の場では、職員全員の注意事項として表に出す必要があります。自分や仲間のミスをかばうことは、かえって問題を大きくすることになります。また、「あのミスは、Ａさんがやったんじゃないの？」というように、想像でものをいうことも慎まなければならないことです。

では、具体的に、「ひやり」や「はっと」の具体的な報告をいくつか紹介してみましょう。

◎報告・ご利用者をベッドから車椅子に移乗させようとした際、思いの外、体が重く、落としそうになりました。　↓注意・車椅子に移乗する時、初めての方や麻痺の重度の方、体重が重い方などの場合は必ず2人つくようにします。

◎報告・トレイにビン類を乗せ、廊下を歩いていたら、トイレから出てきたご利用者にぶつかりそうになりました。　↓注意・トイレの前はもとより、部屋の前、廊下の曲がり角など、人とぶつかる心配のあるところでは必ず確認するようにします。

◎報告・車椅子を押していたら、ご利用者のマヒのある方の足がペダルから外れ、金具に引き込まれそうになりました。　↓注意・車椅子の介助をする時は、まずご利用者が乗る前にブレーキが利いているかを確認し、次に乗ったら、きちんと腰掛けているかどうか、足がペダルに乗っているかどうかを確認し、それから、「押しますよ」と声を掛けること。そして、車椅子を押している最中は、万が一、足がペダルから外れたなら、ちょっと重さに変化が出る、利用者の膝が落ちる、音がするといったサインがあるはずなので、それを見逃さないように注意します。

◎報告・ご利用者がお風呂の着替えの場所で滑りそうになりました。　↓注意・入浴の時は常に、ご利用者をしっかり見守るようにします。また、フロアに滑り止め用にマットを敷くとともに、フロアが水で濡れていないかどうか、チェックを欠かさないようにします。

仕事と私生活のけじめをつける

介護の中心的な仕事は、日常生活の介助であり、私生活の延長線上にあるものです。そのため、看護・介護職員の仕事の難しさの一つは、仕事と私生活のけじめをきちんとつけることと言えます。

ご利用者にとっては、介護は「日常生活」のサポートを意味するものの、職員にとっては、介護はあくまでも仕事であり、「非日常生活」なわけです。この「日常生活」と「非日常生活」の違いをしっかり把握することにより、職員の仕事は正しい方向を得ることになります。

ですから、私の施設では、ご利用者に対する呼び方一つとっても、「非日常生活（＝仕事）」に基づくことになります。職員は基本的に、敬意を込めて、ご利用者を名前で呼んでいます。「鈴木さん」、「小林さん」という具合です。「おばあちゃん」、「おじいちゃん」といった呼び方はしません。

しかしながら、ご利用者が職員を呼ぶ時は、各人の自由であり、「お姉さん」、「職員さん」、「看護婦さん（※介護職員と看護職員を同じとみなしていることもあります）」、「名前で○○さん（※職員は胸に名札を付けています）」などと呼んでいらっしゃいます。

普段の言葉使いにしても、職員の方では、ご利用者に対しては敬語を原則とします。人生の先輩に対する尊敬の気持ちとともに、介護は仕事でさせていただいているのですから、敬語を使うのは当然だと思います。

こうした「非日常生活」の意識をしっかり持っていないと、介護は「日常生活」と混同してしまい、「介助をしてあげている」という感覚を抱きやすくなります。挙げ句は、高齢者に対し、「お口をあ〜んして」といった幼児言葉を平然と使ったり、何かにつけ、「ありがとう」を強要したりすることにもつながるのでしょう。

長い人生を歩んできた高齢者が、赤ん坊のように扱われてどう感じるのか、想像してみてほしいと思います。嬉しい人もいるかも知れませんが、多くの方はなさけなかったり、悔しかったり、憤ったりするのではないでしょうか。こうした場合はやはり、「お口を開けてください」ときちんと声を掛けるべきです。また、職員にとっては、介護はさせてもらうものなのですから、「ありがとう」をいうなら、それは職員の方です。

なお、仕事と私生活のけじめをつけるというのは文字通り、私生活を仕事場に持ち込まないということでもあります。私生活で何があろうとも、施設に一歩入ったなら、「いつもにっこりニコニコ」の達人にならなければなりません。つまり、「日常生活」から「非日常生活」へ、チャンネルを変えて、職業人として介護に向かい合うことが求められるのです。

身だしなみを整える

私の施設では、介護や看護の職員はユニフォームを着用することになっています。

特別養護老人ホームや養護老人ホームでは、職員各人にユニフォームのカタログで何種類かの中から自由に選んでもらい、〝ユニフォーム〟が目立たないように配慮しています。これらの施設のご利用者にとっては、施設はあくまでも生活の場ですから、ユニフォームがユニフォームのように見えないに越したことはありません。

一方、介護老人保健施設では、介護職員にはピンク、看護職員には白のユニフォームをお揃いで着用してもらっています。介護老人保健施設は自立を目指してリハビリなどを行なうところであり、職員はその支援をする職業人としての立場をユニフォームによって主張することに意味をもつ場合があるからです。

なお、当然のことですが、看護・介護職員は、食事の介助とその他の介助で、エプロンを別にしています。

職員は毎朝、ユニフォームに着替えた後、身だしなみがきちんと整っているか、チェックしてから、ご利用者の前に出るようにしています。その中には、爪が伸びていないか、髪は乱れていないか、といったことも含まれます。

職員には若い人も多いわけですが、茶髪など、いわゆる若者ファッションに対しては、「ご利用者が見て、不愉快に思わないことを基準にしてほしい」と、私は職員にお願いしています。実際、私から見ても、職員は皆、お化粧にしろ、ヘアースタイルにしろ、好感の持てる印象で十分、合格だと思っています。

ところで、身だしなみの話とはちょっとそれますが、職員は介助の折、ご利用者を抱き上げたり、下ろしたりといった動きが多いため、腰痛を起こす心配があります。そこで、当施設では、職員はストレッチ体操をはじめ、腰痛予防用のベルトなどを利用し、腰痛を予防することに留意しています。職員の体調が悪くては、介護にも支障をきたすことになりますから、こうした日頃の注意は非常に大切だと思います。

職員同士、勤務中はビジネスライクに

職員にとって、施設は「仕事場」であり、そこで過ごす時間は「非日常生活」です。従って、職員同士も、勤務中はビジネスライクに対応することが大切です。挨拶をきちんとする、時間を守る、言葉遣いに気をつけるといったことは当然のことです。

当施設では、職員同士の会話は基本的に、「ていねい語」を用いるようにしています。例えば、他の職員に何か頼む時でも、「やっといて」ではなく、「お願いします」と

ていねいにいいます。仕事柄、ご利用者が近くにいることが多いわけで、職員同士の会話が聞かれても、信頼感を損なわないように心掛ける必要があります。ですから、職員同士で名前を呼び合う時も、呼び捨てや〝ちゃん〟づけは厳禁です。「○○さん」と〝さん〟づけで呼ぶようにします。

また、食事などの介助をしながら、職員同士でおしゃべりするようなダレた雰囲気にも注意を促しています。それが例え、仕事の話であっても、目の前の仕事に集中していないわけですから、ご利用者を大切にする介護という意味では、手抜きといわれても文句はいえません。仕事に慣れてくればくるほど気が緩んで陥りやすいことですが、私語を慎むのはもちろん、「介助は心を込めて行なう」という介護の原点をいつも忘れないようにと、自分にも職員にも折りに触れていい含めています。

ここで改めて、私の施設で実際に、職員が仕事に入る前に確認し合っているチェック事項を記載してみます。

1　笑顔の準備はできていますか。

2　身だしなみは整っていますか。
3　帽子・エプロンは着用していますか。
4　靴のかかとを踏んでいませんか。
5　ズボン・エプロンのポケットに手を入れていませんか。
6　ご利用者に対して、常に敬語を使っていますか。
7　職員同士で呼ぶ時に、「○○さん」といっていますか。

自分の価値観を押しつけない

介護は、ご利用者と関わる仕事なだけに、職員はご利用者の気持ちをよく理解することが必要とされます。

ご利用者の気持ちがわかっていないと、一生懸命に介護しているつもりでも、それが空回りしてしまうことも起こります。例えば、髪が伸びてきたので縛った方が快適だろうと思って、一つにまとめて差し上げたとしても、その人が髪を肩まで垂らしておくのが好きだとしたら、余計なお世話以外の何ものでもないわけです。また、人に差し出がましいことをいわれるのが嫌いなご利用者には、親切のつもりであれこれ勧めたりするのはかえって逆効果になるということもあります。

ご利用者との行き違いの原因を探ると、自分の価値観を相手に押しつけたり、相手の価値観を自分の物差しではかったり、職員が自分の都合を中心にしていることが少なくないようです。

ですから、職員は、自分の感じ方や考え方を理解しておくことが大切です。自分についてわかっていれば、相手とどこが違うか、きちんと把握することもできます。自分と相手の価値観の照合ができれば、大きな勘違いや誤解を招かずに済み、お互いの信頼感も生まれてくるでしょう。

私の一部の施設では、こうした考えから、職員に対し、「自分がいまの気持ちでいるとどんな行動を取りやすいか、それはご利用者やその家族、あるいは職場の人々にどんな影響を与えそうか理解してもらう」ことを目的とした、『ハートフルケアチェックリスト――介護に携わる方々のために』(株)日本人材開発医科学研究所刊)を定期的に行なう試みをしています。

また、年1回ぐらいのペースで、各施設の施設長や事務長が職員を対象に、面接を実施しています。そして、職員に悩みや苦情、意見などがあれば耳を傾け、解決するようにしています。もちろん、日常的にも、職員に話があれば、その都度応じています。

職員の心身の健康や、人間的な成長に対し、施設としてもできるだけバックアップ体制を整えるように配慮しています。それがひいては、より質の高い介護を提供できることにつながっていくと考えます。しかし、必ず思い通りにいくわけではありません。そういう方向に向かうようにたゆみなく努力しているということです。

この章の最後に、私の施設の「職員の誓い」を紹介させていただきます。

職員の誓い

一　私は、医療・福祉・保健に貢献します。
一　私は、ご利用者に笑顔を提供します。
一　私は、ご利用者に敬語を使います。
一　私は、ご利用者に質の高いサービスを提供します。
一　私は、施設の物品を大切に使います。

第5章

医は仁術。仁術の極意は「究極のサービス」！

少子化と超高齢化社会

国連では、全人口のうち老人（65歳以上）が占める割合が7％を越したら、高齢化社会と呼ぶとしています。日本では1970年に7・1％に達して高齢化社会を迎え、その後も右肩上がりに高齢化は急速に進み続けており、2025年には全人口の26％、つまり4人に1人が老人になると予測されています。一方で、少子化が進み、老人を支える人口は減少の一途をたどっています。

そこで、高齢者の介護を社会全体で支えることを大きな目的として誕生したのが、2000年4月にスタートした介護保険制度です。

介護保険制度は、とりあえずスタートさせ、〝走りながら修正していこう〟としたものですから、問題点もいろいろありますし、変更点も次から次へと出てくるわけですが、マイナス面ばかりでなく、とても良い点もある制度です。

あまり不公平もありませんし、自分の体の状況に応じて、負担すれば良いことになっています。例えば、風邪をひいてお医者さんに行ったら、医療保険がかかるのと同じように、かかった分だけ負担をして、お金を払えば良いわけです。

症状の重い方は介護度に応じて負担額が高くなりますが、その分、治療をきちんと受けられるというように、その方の状況に応じて保険が適用され、いろいろなサービスを受けることができますから、誰でも受けやすいわけです。

また、いままでは、このくらいだから、このくらいのホームヘルパーの時間でよいだろうというように、それぞれの自治体などであやふやに決められていた部分が、きちんと文章化された形で表面に出てきます。要介護度の認定も、コンピュータでの判定に加え、認定委員の方たちが掛かりつけの医師の意見書などを加味しながら行なっていきます。こうした認定のシステムも大変良いものであると思います。

ただし、要介護度の認定には身体的状況のみで、お金に余裕がないといった経済的状況や、身寄りがないといった家庭的状況などは考慮されません。そのため、自分で食事をしたり、散歩することはできるということで、「自立」や「要支援」と認定されると、施設入所に対しては認定漏れということになってしまいます。そうした方は生活保護を受ければいいといわれるかも知れませんが、生活保護の認可の条件も地域差もあり、非常に厳しいものがあります。

こうした狭間《はざま》で困る人の出現が考えられる以上、施設を運営してきた立場からいわせていただくと、特別養護老人ホームでは、現在のような特例のみに対してでなく、入所定員の5〜10%ぐらいに対して、措置費制度(公費による行政の措置で行なわれる介護)を復活すべきであると考えます。今後、介護保険制度において、その点がぜひとも修正されることを切望しています。

日本の風土に合った介護を

私が10数年前に、施設をつくりたいと奔走していた当時、福祉の専門家や有識者、マスコミなどは、北欧・西欧の福祉に学び、追いつくことを目標に、いろいろな形で欧米の良さを盛んに啓蒙していました。

私としては、日本と欧米では風土も文化も違うわけですから、どんなに素晴らしいことでも、そのままマネるのは無理があるのではと頭をひねることしきりでした。欧米の良いところを取り入れるにしても、それをよく消化して、日本に合うような形にすることが大切ではないかとも思いました。

身近な例でいえば、日本の施設のほとんどは、フローリングにベッドの洋風ですが、日本人の生活習慣からいえば、特にいまの高齢者にとっては、畳や障子に馴染みがあるはずです。そこで、私は窓に障子をはめたり、部屋の間仕切りを兼ねた収納棚の上に障子を配するといった工夫をしました。養護老人ホームの部屋は、一つの部屋の中に畳とフローリングの両方の部分があります。

近年は、施設を新しく建設する場合、自治体から個室にすることを推奨されていますが、そうするとご利用者にとっては〝ホテル料金〟のような形で部屋代がかさむことになりますから、手離しで喜べるものではないと思います。私の施設でアンケート調査をしたところ、個室を望んだ人が30％、個室を望まない人が70％でした。

これは、４人部屋であっても、カーテンで仕切ると１人当たり平均６畳分ぐらいのスペースを取っていることも関係していると思われ、ゆとりの問題もちょっとした配慮で解決できると考えられます。また、高齢になると個室では寂しいという人もいるものです。

米国の施設では夕食のテーブルには、ご利用者の皆さんはきちんとお洒落をして臨むのが普通で、こうした生活を楽しむ気持ちを大いに参考にしましょうといったレポートを読むことがあります。しかし、私たち日本人のすべての家庭生活にはそもそも、こうした生活様式はなかったわけで、何をかいわんやという気持ちになります。

それよりも楽しく、美味しく食事をしていただいたり、生活を楽しむことにしても、花鳥風月をめでるなど、日本人ならではの繊細な感性を駆使して、自分たちなりに実現していると思います。さらにというなら、日本人として楽しめる部分をより豊かにしていくべきではないかとさえ、いいたくなってしまいます。

日本人の精神性ということでは、その特徴の一つに、「やってもらうことに切なさがある」ことを忘れてはならないと思います。

私の施設でも、ご利用者が介助を受ける際にしばしば、「すいませんね」とおっしゃるのを耳にすることがあり、そうした時、職員は、「そんなことないですよ。元気になってもらうと私たちも嬉しいんですから、気にしないでください」と言葉を返しています。

介護する側の人間は、こうした日本人ならではの心の機微をよく理解し、キメ細かく対応することが大事になります。その一方で、介護保険制度の導入により、要介護者と介護者は同じレベルに立つという意識がより広く、より深く浸透するとともに、要介護者の「すいませんね」が、「ありがとう」に変わっていくようだと素晴らしいと思うのですが……。

要は、日本の風土や文化に合った老人福祉を目指すべきで、私が考えているのはそうした福祉にほかなりません。そして、それは時代とともに変わって行くものであるかも知れません。

施設と在宅介護と医療

介護保険制度はまだまだ欠点はあるものの、たいへん良い制度であると述べました。

従って、ぜひとも成功してほしいのですが、それにはいくつか改革しなければならない点があるように思います。

一つは、在宅サービスにおける訪問介護の問題です。介護をする側もされる側も意識改革をする必要があるということです。介護保険は、要介護人によるサービスの選択と自己決定が尊重されるものであり、契約により介護を受けることになります。介護は保険という「契約」に切り替わったことで、介護をする側とされる側は、まさしく〝ギヴ・アンド・テイク（GIVE&TAKE）〟の関係になったわけです。

すなわち、ホームヘルパーさんは、介護をさせてもらっているという意識を持つことが肝心です。「介護をしてやっている」といわんばかりに指示命令するような態度は、もはや通用しません。ご家族にしても、いまや、「してもらっているから何もいえない」という状況ではないことをしっかり認識すべきです。

そして、要介護人やご家族は、ありのままの家庭の姿をオープンにして、ホームヘルパーさんを受け入れるようにしたいものです。部屋の掃除を頼んでおきながら、その当日、「ホームヘルパーさんに、こんなに汚れているのを見られるのは恥ずかしい……」とあらかじめ簡単に掃除をしておくといった、笑うに笑えない話を聞くことがあります。

保険により、サービスを受ける権利があることを肝に銘じて、繕わずに自然体でお願いするように意識を変えることです。その意識改革ができれば、ホームヘルパーさんにカギを渡し、夜間のトイレや体位変換などの介助も頼むことができるでしょう。そうすることではじめて、ご家族は睡眠不足から解放されることになります。

こうした意識改革をベースにしてこそ、都会では、介護保険制度はうまく根付くように思います。何といっても、都会では要支援・要介護認定者の土地面積に対する人数が多いですし、住居も密集しています。ホームヘルパーさんにとって移動の時間が短くて済むといった諸条件が整っているわけです。

しかしながら、地方では、特に過疎地などでは、要介護者の人数、家から家への移動時間などを考えると、ホームヘルパーの仕事が成り立つかどうか大いに疑問となります。そこで、一部の地方では、自治体主導で、一定数のホームヘルパーさんを確保し、収入については補助金で補填《ほてん》するようなシステムにするのがいいのではないかと思いますが……。

ところで、在宅サービスで一番の問題に挙げられるのが、最期の看取りに対する不安です。いざという時、医者に立ち会ってもらえないようなことになったら悔やむに悔やみ切れないというわけです。

見捨てられない医療を目指し、こうした問題を解決するには、医療の構造改革を断行し、地域に1軒、現存の病院の中から、『在宅支援対応病院（案）』を設けられるようにすればいいというのが、私の意見であり、希望です。この病院には、大学病院などから医師を派遣してもらうか、希望される医師に夜間と日曜祝祭日の対応をしてもらい、該当医師の人件費は国や自治体からの補助金で一部補填するか、保険から請求できるような方法はないものかと考えます。

普段は掛かりつけ医に診てもらい、掛かりつけ医が対応できない時などの緊急時は『在宅支援対応病院（案）』の医師に駆け付けてもらうようにすれば、在宅介護も随分、増えるのではないかと思います。

そして、家庭で介護ができない人は施設に入所してもらうようにすれば、現行の建築計画による介護施設が完成した暁には、それで何とか間に合うのではないでしょうか。

障害を持った高齢者本人やご家族が、不安な時間から少しでも解放され、幸せな時間を送るために、福祉に関わる人たちの意識改革はもとより、医療従事者の意識改革の実現にまで、私の夢と希望は果てしなく広がります。大それたことかも知れませんが、夢が叶うまで夢を捨てずに持ち続けることが大事かな、と思っています。

仁術の極意は「究極のサービス」

「医は仁術だ」という言葉があります。広辞苑をひもとくと、〝仁術〟とは、〝仁を行なう方法〟と記載されています。さらに、〝仁〟とは、〝愛情を他におよぼすこと、いつくしみ、思いやり、博愛、慈愛〟などを意味することがわかります。

つまり、医とは、〝愛情を他におよぼすこと、いつくしみ、思いやり、博愛、慈愛〟を行なう方法というわけです。

その意味で、医学は理科系というより、文科系といった方が的を射ているのかも知れません。もちろん、医者には、一定水準以上の知識や技術が必要とされるのはいうまでもありませんが、それ以上に、患者さんの気持ちを理解し、思いやりのある対応をするための感性や人間性を磨くことが求められているように思います。医者が相手にするのは、〝病んだ臓器〟そのものではなく、あくまでも〝一人の人間〟であるということです。

さて、介護はといえば、仁術そのものといっても過言ではないでしょう。そして、仁術の極意はズバリ、「究極のサービス」であると、私は思います。

「究極のサービス」とは、精神的にも、身体的にも、経済的にも充分な安心を提供し、切ない思いをさせないことです。そのためには、ホームヘルパーさんや介護職員も、必要とされる知識や技術を身に付けるのはもとより、笑顔に象徴される「思いやりの心」に磨きをかけることが大切であり、日々、人間的な修練を重ねることが大事になります。また、医療機関や国・自治体などとのネットワークをより充実させ、要介護者の立場で、さまざまな提言や要望をしていくことも重要だろうと思います。

なお、要介護者の中には、飲み下しに障害があり、お腹に穴を開けてチューブをつなぎ、胃に直接、栄養液を送り込むようにしている人や、呼吸器系に障害があり、定期的に痰を吸引する必要のある方などもいらっしゃいます。ところが、こういう方々は感染を起こしやすいなど、医療費負担が多くかかることが考えられ、ケアに人手を取られる場合もあるため、困るという理由で入所をイヤがる施設もあるということを聞いたりすると、何となく切なくなります。

「究極のサービス」こそが、「仁術」であることを忘れてはならないと思っています。

病気か、正常か？　強いか、弱いか？

具合が悪くて医者にかかろうとする人の中には、本当に誰が見ても具合が悪そうな人と、外見では病気なのかどうかわからない人がいます。

しかし、実際の重症度は必ずしも外見や本人が感じている病感と一致するとは限りません。特に、痛みやだるさ、不安感などは、その人によって感じ方が違うため、昔は病気とは考えられなかったものもあります。そうした中に、ストレスによって引き起こされる精神的障害があります（場合によっては、身体に異常が起こることもあります）。

精神的障害の場合、検査データが目に見える形で明らかに異常を示してくれる病気群とは違い、いくつかの症状や状態を組み合わせて診断にもっていく時、まず本当に病気として考えてよい範囲なのかどうか迷うことも多々あります。現在では、不安感や無気力感など、ご本人が感じていることが最優先される問題になりますから、それを基準に薬物療法やカウンセリングが行なわれるようになっているわけですが……。

昔は、表面だけ見て、なまけているように誤解されていた人もいたでしょう。

ところで、最近になって認知されるようになってきた、このような病気はいったいどうして起こってくるのでしょうか？

昔は、なかったのでしょうか？

認知されていなかっただけなのでしょうか？

昔は、現在とは何が違っていたのでしょうか？

貧困、戦争、天皇や親に対する忠誠心や孝行の教育。自分で選ばなくても従うことで、成人になれた時代もあったわけですが……。その時代はその時代で、ストレスを感じていた人もいたはずですから、いつの世も社会に適応できない人が病気になっているのでしょうか？

私は、初等教育のあり方や、家庭環境で解決されていく部分もあるのかな、と考えています。つまり、情報が多過ぎるために、悪いこと、良いことをきちんと決められない教育や社会の風潮、また生活上の責任などに対し、解決されるはずのない不安の深みにはまっていくのではないでしょうか。

何が良いのか悪いのか、判断のベースが違うのが社会でしょうし、もちろん個人によっても違うのが当たり前ですが、何らかの分別がつく年齢までに、判断のベースが固められていたら、社会に適応できない人の中にも、いくらか楽に生きられる人がいるだろうと容易に想像できます。

ひょっとしたら、「適応できない人が正常」で、「適応できる人は異常に強い人間」なのかも知れませんが……。

万民の益のためにニュービジネスを

先日、テレビを見ていると、イギリスの捨て犬をめぐる事情が、飼い主や捨て犬を捕まえる仕事をしている人たちにさまざまな意見を聞く形式で、紹介されていました。

何気なくボーッと見ていたのですが、制服姿の捕まえる係の男性が、犬の背中にテレビのリモコンのような長方形の黒い板状のものを当てて、何かを探しているようなそぶりをしている場面が目を引きました。そして、その解説を聞いて、愕然《がくぜん》としました。

人に飼われたことのある犬の背中には、すべてではないようですが、チップが埋め込まれていて、そのコード番号などで飼い主がわかるというのです。その黒い機械でチップの有無を調べていたわけです。まるで、テレビ番組『Xファイル』のような話が本当にあることにびっくりしてしまいました。同時に、輸血用血液パックの識別コード、また入院患者の医療ミスを防ぐためのリストバンドなどを思い出しました。

確かに、情報化社会で個人のデータをきちんと整理することは、非常に大切なことかも知れませんが、めまぐるしい社会の変化について行けないような不安も感じました。

医学においても、またその他の学問においても、つい最近まで、日本の研究者はお金になるとかならないとかの次元の話とは別のところで、研究を行なっていました。国費を使っての研究などは特に……。政府にも、特許などを取得することは道に反すると考えていた人もいたため、日本が出遅れた研究はたくさんあるのです。中でも、遺伝子の解読は、早く巻き返しを図りたい研究の一つです。

しかし、ゲノム（1個の生物の個体を作るのに必要な遺伝子セット）の解読が、遺伝子ビジネスとして成り立ち、（遺伝子の特許を取れば、その遺伝子に関係するすべての治療薬の研究などに、その特許が関わることで）莫大な利益を生むバイオベンチャーのニュービジネスとなっている現在の研究のあり方は、日本の過去の考え方をもって理解することは不可能に近いことであります。〝武士は食わねど高楊枝〟といった気概が消えていくことには、一抹の寂しさが残ります。

それだけに、いまこそ誇りを持ち、自己の利益のみに縛られず、万民の利益のためにビジネスを考える企業家に、ニュービジネスに参加してもらいたいと思います。福祉関係に進出する民間の企業家の皆さんに対しても、「万民の利益のためにニュービジネスを」とお願いしたいものです。

研究用の動物の体を使って、人間の器官の一部をつくったり、またゲノムの解読でつくられる治療薬や豊かな食生活が良いか、悪いか……。遠い世界のことのようで、しかし、現実には決して遠い世界の出来事でなくなってきていることに、感動と恐怖を覚えるばかりです。

医者と平常心

ちょっと前の話になりますが、外来で診察をしていた時のことです。3日ほど連続で夜中に急患が入り、寝不足が続いていたこともあったのですが、診察中に、こともあろうに睡魔が襲ってきてしまいました。

睡魔と一生懸命戦いながら、診まちがわないように確認もし、注意していたのですが、最後にカルテを記載中、不覚にも溜め息をついていたようです。

私自身、気付いていませんでしたから、

「変わりありませんね。それでは、いつものお薬を出しておきますから……」

と申し上げると、その患者さんは、なかなか椅子から立ち上がろうとせず、真剣な目で私を見つめながら、

「先生、私は何か悪い病気でもあるのでしょうか？」。

まだ、よく状況が飲み込めない私に、

「いま、先生は溜め息をつかれましたし、何だかいつもより聴診器で診察してもらう時間が長かったようですし……」と心配そうな声で言葉を続けました。

その途端、睡魔も飛び去り、私はよく説明して、まったく問題がないことを理解していただきました。

何気ないしぐさで、あるいは何気ない言葉が人に与える印象が、こんなに大きく影響する立場にいることに改めて気付かされた次第です。平常心を保ち、言葉やしぐさ

にも細やかな神経を使わなければならないと、つくづく考えさせられました。この時は笑い話になりましたが……。

平常心といえば、何日か前に飲みに行った時に感心させられたことがありました。初めて入った店で、カウンター席と椅子席と座敷があり、結構広い店でした。私はカウンターで焼き鳥を注文しながら、生ビールを飲んでいました。すると、女子高校生のアルバイトと思われる可愛い女の子が(後で聞いたところによると、やはり女子高校生で、まだアルバイトを始めて2ヶ月目でした)、次の注文を聞きに来てくれました。

テレビなどで紹介されているような、いま時の女子高校生の雰囲気はまったくなく(もちろん、普段の様子はわかりませんが)、注文を聞き漏らさないように一生懸命であっても、焦る様子はなく、混んできてからもペースを崩さず、注文書を確認し、焼き鳥を焼き、本数を確かめながらテーブルに運ぶというふうでした。

店が混んできて、焦り出したオーナー(?)風なおじさんより、ずっと落ち着いているようで、私は思わず、「へぇー」といってしまいました。これぞ平常心、なんて思ってしまったのです。

表面はともあれ、平常心で何事にものぞむことは、本当に私には難しく……。というのも、重症な患者さんを診ると、どうしたら治せるかと興奮し、また外傷のひどい傷を見ると、どうしたらきれいに縫えるかなどとついつい気持ちが熱くなってしまうからなのです。

夢と希望

最近ある会合で、30歳前後の営業職に就く5〜6人の男性に、「どんな夢を持っているか」という質問をする機会がありました。

ほとんどの人が、「幸せな家庭が夢」と答えた中で、一人だけ、「自分はどんなに頑張っても社長にはなれないが、『現場はあいつに聞け』と、社長に頼りにされるような人間になりたい」という青年がいました。

仕事に夢を持っている人は少なくなっているのかな？――などと考えながら、昔の自分の夢を思い出してみました。

いろいろな夢を見てはいましたが、幸せな家庭ということはまったく考えていなかったことに気づきました。……というよりは、夢というのは、仕事など何かに挑戦しながら叶えていくもの、という漠然とした考えがあったからかも知れません。ですから、夢は、現実の生活とは別次元のものであったのです。

「幸せな家庭」を築くために、仕事をする人
「幸せな家庭」があれば、仕事に欲を持たない人
「幸せな家庭」のために、自分の夢をあきらめる人
「幸せな家庭」のために、夢を追い続ける人

家庭に夢を持つことはある意味、現実的で素晴らしいことですが、もっと冒険心があっても良いのかな、などと考えてしまいました。

さて、いまの私の夢と希望は、果てしなくまだまだ続いています。

前述したように、最期の看取りまで視野に入れた、福祉に対する医療従事者も含め

た意識改革、それは医療の構造改革にまでつながるものですが、夢は大きく大きく広がっていきます。

期待できる若者たち

日本中に、年中無休のファーストフード店やコンビニエンスストアなどが多くなり、いつでもどこでも（旅先などで知っているコンビニなどを見かけると少し寂しい気持ちもしますが……）、同じクオリティのものが購入できる便利さは一面で、日本に綿々と受け継がれてきた情緒を消してしまう力を持っているのではないでしょうか。

いまの世の中は、それらに象徴される便利さと均一化はもとより、凄まじい勢いで情報量も多くなり、教育面では責任と義務より自由が先に教えられている状況にあり、その中で、日本はどうなっていくのだろうかと考えていました。

ある日、県内の大学院生と話をする機会がありました。ご自分の研究分野の資料を集めていたようで、「中心市街地活性化」について、私の話を聞きたいとのことでした。

ご実家は九州にあり、一人暮らしが長いようでした。何となく、サッカーの中田英寿選手を小ぶりにしたような雰囲気で、Tシャツにブランド物の腕時計とペンダントをして、私の前に現れた彼は、中心市街地の「まちづくり」の構想を熱く語り始めました。彼のストレートで真摯なその態度には、とても好感が持てました。

ファッションや音楽など、文化や嗜好は変化しても、人間性や向上心はあまり変わっていないようです。最近の歌の文句ではありませんが、自分の若い頃よりはずっとましで、素晴らしい若者も少なくないことを信じたいと、私は思っています。

手前味噌になりますが、私の施設の若い職員たちも、その仕事に対する姿勢は素晴らしいものがあります。こんなに若い職員がこんなところにまで気づいてくれて本当にありがたい、と思うことも多く、まだまだ日本も捨てたものではないようです。

素晴らしいスタッフに感謝

私の施設の職員は世界一と信じています。

もちろん、個性はいろいろです。その個性を認めながら、さらにそこから欠落しがちなことに対し、気づきのサインを送り、より素晴らしい職員になるよう成長してほしいと期待もしています。

例えば、仕切りがうまい人、何でもハイハイと受け入れる人、仕事を10頼むと8しか用を足さない人などいろいろです。仕切りのうまい人には、その手腕を認めた上で、「皆の意見も聞いてくださいね」と独断に走らないように注意を引き、何でもハイハイと受け入れる人には、その寛容さを認めた上で、「時間的に問題ないですか？」とチェックを促します。仕事を10頼んでも8しか用を足さない人には、そのおおらかさを認めた上で、「確認をしてくださいね」と見直しをアドバイスするという具合です。折りに触れて、私も、この〝気づき〟のための言葉を掛けますし、施設長や事務長にもお願いしています。こうして上司に重ねて言葉を掛けられることで、よりスムーズに〝気づき〟ができることになります。

一番目の施設である、特別養護老人ホーム『清松園』を開設したのは１９９１年ですから、10年ひと昔とはよくいったもので、あの頃は職員の募集にも苦労したことが昔話のように懐かしく思い出されます。

職員は30数名で、内訳は相談員2名、看護職員2名、介護職員20数名、栄養士1人、調理師2人、厨房スタッフ2人、事務職員2人といったところでした。施設長は私の母が務め、私はボランティアで医師として加わりました。

事務長には、祖父の代からお付き合いがあり、お世話になっていた小沢光義氏の息子さんに引き受けてもらいました。教育畑を歩んでこられた方ですが、この人しかいないと確信し、熱心に頼み込んでお受けいただきました。現在は、当施設の施設長を務めています。

なお、職員のほとんどは一般公募で募りましたが、定年退職された方や、パート感覚の近隣の奥さん、ボランティアの延長線上で考えている方などが多く、職員のうち経験や資格のある人はほんの数名でした。しかし、仕事が始まると、その中の一部の職員は経験や資格のある人もない人も、職業意識を持って一生懸命頑張ってくれ、技術的にも精神的にもどんどん能力を高めていってくれました。

そして現在、相談員・介護職員として入職してくれた職員の中から3人の女性職員が『デイサービスセンター』のセンター長、『指定居宅介護支援事業所』の所長、『在宅介護支援センター』のセンター長、『ホームヘルパーサービスステーション』のセンター長など、管理職を兼務して頑張ってくれています。

なお、『清松園』に続いて開設したいくつかの施設の事務長には、医療関係の会社の営業だった方に私がお願いをして、就任するに至った人もいます。営業マンはそもそも、人の気持ちを読むプロだと思うのですが、彼らはとりわけその力にすぐれており、ぜひとも右腕になって活躍してほしいといってお願いしたわけです。

各施設のそれらの職員は、たった一人の人間の「笑顔」や「ひと言」が多くの人間を一瞬でも幸せにできるということを本当の意味でわかってくれている、〝家族〟のような存在となっています。

そして、福祉に対する教育機関が充実するのに伴い、専門知識を持つ若い職員もどんどん増えてきています。将来、どの施設においても、職種にかかわらず、いま頑張っている職員が施設長になってくれることを夢見ています。

人の人生は一瞬の閃《ひらめ》きのようなものであり、その末は宇宙と同化するのだと、私は思っています。とはいえ、その閃きの中で、喜びも、怒りも、哀しみも、楽しさもたっぷり味わうことになります。ご老人にしても、誰もが、昔は若かったんです。誰もが皆、夢を持って、恋をして、それなりに素敵な人生を歩んでいたのです。誰でも好きで年を取っているわけでも、障害を持つわけでもないということです。

職員にとっても、各人各様のドラマを持つご利用者の人生に立ち会えること、そして障害を持ちながらも真摯に生き抜く生活をサポートさせてもらえることは、この上なく幸せであり、やりがいのあることでしょう。

職員は謙虚な気持ちで、ご利用者を敬愛し、その人権を尊重し、いまを楽しく大切に過ごせるように、一生懸命介護・看護させてもらうことを、誇りに感じていると思います。その結果、ご利用者は昨日まで嫌いだったホウレン草が、今日、好きになる喜びを味わうかも知れない……。寝たきりであっても、これまでに見たこともないような美しい心模様を、今日、眺めることができるかも知れない……。介護は、ご老人の新しい一日を支援することでもあります。

医療や福祉を利用される方と提供する側が、人間として共に生きる喜びを共有する施設でありたいと願っています。一人一人の職員が、そうした私の気持ちをしっかりわかってくれ、また私としても、一人一人の職員を信頼し、安心してまかせられることに心から感謝しています。

私は、まさにこの仕事をやらせていただいて本当によかったなと思っています。真に価値のある、誇りを持ってできる仕事であると同時に、私の喜びであり、趣味であり、しかも私の一つの夢でもあります。何ものにも代えられない幸福感と、頑張らなくてはという思いに駆られるにつけ、これからもこの道を邁進するしかない、邁進して行きたいと考えています。

そして、いつの日か、そうすることが最善と思われる日を迎えたら、私自身も、私の施設に入所を希望したいと思っています。いまから、その時には、私の好きなお酒を飲ませてね、と職員にお願いしているのですが……。

ともあれ、私の施設のみならず、施設という場所ではどこでも、職員たちがいつもにっこりニコニコ、やさしく暖かな介護や看護をしてくれ、老年期に障害を持とうとも、いきいきと楽しく過ごせるということが、一つの社会的常識になることを切実に願っています。そのために、私どもがこれまで取り組み、培ってきた医療・福祉への意識や、そのノウハウなどが、何らかの形で社会に貢献できることを、これまた、心から願ってやみません。

関連施設の連絡先一覧

医療法人　聖生会　松永医院

◎内科・外科・小児・皮膚科・泌尿器科・アレルギー科／訪問看護・訪問リハビリ・
　居宅療養管理指導

ＴＥＬ０２８２―５５―８８６９

医療法人　聖生会　介護老人保健施設『安純《あずみ》の里』

◎入所１００床（ショートステイ含む）／デイケア25名

ＴＥＬ０２８２―５５―２０００

医療法人　聖生会　介護老人保健施設『さくらの里』

◎入所90床（ショートステイ含む）／デイケア20名

TEL0283―26―1123

医療法人　聖生会

ホームヘルパーサービスステーション『ゆうゆう』

指定居宅介護支援事業所『ゆうゆう』

◎訪問介護及びケアプラン作成

TEL0283―21―5333

医療法人　聖生会　介護老人保健施設『和の里《なごみ》』

◎入居45床（ショートステイ含む）／デイケア25名

TEL0283―22―2669

社会福祉法人　裕《ゆう》母《も》和《わ》会《かい》　特別養護老人ホーム『清松園』

◎入居50床　ショートステイ7床／デイサービス25名

ＴＥＬ０２８２―５５―６６７７

社会福祉法人　裕母和会　養護老人ホーム『悠生園』

◎入居50床／デイサービス15名

ＴＥＬ０２８３―２５―０５４０

介護対応型マンション『悠楓《ゆうふう》園』

ＴＥＬ０２８３―２３―０６６０

社会福祉法人　裕母和会　特別養護老人ホーム『かがやき』

◎入居１００床（ショートステイ含む）全室個室ユニットタイプ

〈著者紹介〉

松永 安優美（まつなが あゆみ）

埼玉医科大学卒業後、埼玉医科大学付属病院第3内科病院助手を経て松永医院勤務。
その後、
平成３年４月に　　特別養護老人ホーム　清松園を、
平成８年４月に　　介護老人保健施設　安純の里を、
平成 11 年 10 月に　ケア対応型マンション　悠楓園を、
平成11年11月に　介護老人保健施設　さくらの里とホームヘルパーサービスステーション・指定居宅介護支援事業所　ゆうゆうを、
平成 12 年３月に　養護老人ホーム　悠生園を、
開設。さらに
平成 14 年 10 月には　介護老人保健施設　和の里を開設。
平成 18 年５月に　新型特別養護老人ホーム　かがやきを開設。
現在、社会福祉法人　裕母和会　会長。医療法人　聖生会　理事長。有限会社　えむ企画　代表。
共著書に『訪問介護スキルアップ』（日経BP社）、『短期集中講座　介護福祉士国家試験対策　2002』（じほう社）ほか。
また、スカイパーフェクトTVの番組「介護福祉士受験講座」に２年間にわたり講師として出演。さらに、株式会社クレシアの「ポイズパッド」のCMにも出演。

理想の介護への挑戦

2002年 11月 15日　　初版第 1 刷発行
2005年 11月 21日　　初版第 2 刷発行

著　者　　松永 安優美
発行者　　韮澤 潤一郎
発行所　　株式会社 たま出版
〒160-0004　東京都新宿区四谷4-28-20
☎ 03-5369-3051（代表）
http://www.tamabook.com
振替　00130-5-94804
印刷所　　図書印刷株式会社

ISBN4-8127-0064-7 C0095